语文教育教学管理研究

刘芳玲 杨 敏 刘雪娟 ◎ 著

吉林出版集团股份有限公司

图书在版编目（CIP）数据

语文教育教学管理研究 / 刘芳玲，杨敏，刘雪娟著 .
— 长春 ：吉林出版集团股份有限公司，2023.4

ISBN 978-7-5731-3055-6

Ⅰ．①语… Ⅱ．①刘… ②杨… ③刘… Ⅲ．①语文课 —
教学研究—中小学 Ⅳ．①G633.302

中国国家版本馆 CIP 数据核字（2023）第 045675 号

语文教育教学管理研究

YUWEN JIAOYU JIAOXUE GUANLI YANJIU

著　者	刘芳玲　杨　敏　刘雪娟	
责任编辑	王　平	
封面设计	林　吉	
开　本	787mm×1092mm　　1/16	
字　数	215 千	
印　张	9.5	
版　次	2023 年 4 月第 1 版	
印　次	2023 年 4 月第 1 次印刷	
出版发行	吉林出版集团股份有限公司	
电　话	总编办：010-63109269	
	发行部：010-63109269	
印　刷	廊坊市广阳区九洲印刷厂	

ISBN 978-7-5731-3055-6　　　　　　　　　　　定价：78.00 元

前　言

　　语文是基础学科。它是学好其他学科的前提,也是一个人生活、工作所必需的知识,因此,语文学科的教学比其他学科要复杂些,它既要保持自己的特性,又要尽可能满足各方面的需要。语文教学是在一篇篇文章中进行的,并不是直接在教授知识,这又与别的学科教学差异很大,这个差异使语文教学更为复杂。做好一名语文教师,要付出许多艰辛。但正因为其复杂性,语文教学充满着魅力,最能激发教师的创造性。

　　大学语文教育学的体系和人类社会、自然界的许多潜在规律相契合。它对众多学科知识和思想方法的吸纳、综合运用极为重视,致力于揭示语文教育系统中各要素的内涵及其内在联系,探索这个系统运动取得最大价值的可能性。因此,大学语文教育要立足于我国的传统文化,从我国现实社会和未来发展的需要出发。通过总结语文教育实践的经验教训,使语文科学、教育科学、心理科学、社会科学等相互交叉、渗透、融合,建立大学语文教育理论体系。

　　大学语文教育研究包括三个层次的基本问题,即事实问题、价值问题和技术问题。事实问题包括语文教育的历史演变、基本特征、构成要素等基本事实,以及语文课程与教学的性质、状态、关系等客观属性。价值问题包括语文课程与教学目的的设定、意义判断和各种可行的教育途径之间的文化抉择。技术问题涉及语文课程的实现方式、设计程序和教学操作手段等。这三个层次的问题常常纠结在一起形成错综复繁的现象。我们不仅要描述这些现象,揭示这些现象的本质,而且要从学理上论证它们的科学价值、实践价值以及生命价值。

　　语文教育目标明显受到社会政治、经济制度、文化传统和意识形态的制约,因而,语文教育目标具有社会性。它既是语文学科的目标,也是社会的目标,还是人生的目标。因此,语文教育的目标具有多样性。培养的学生应该具有良好的文化修养和较强的语言文字运用能力,在语文的应用、审美、探究等方面得到协调、全面、有个性的发展。语文教育目标的多样性体现在三个维度:知识与能力、过程与方法、情感态度与价值观。各个目标之间并非是在一个目标实现之后才接着去实现另一个目标的线性关系。语文教育的各个目标之间形成一个相互联系的网络。

　　本书将分为七章来论述对语文教育教学相关问题的研究。第一章对语文教育教学方法的基本理论进行了介绍。第二章论述了语文教育教学的基本理念。第三章介绍了语文教学方法的基本理论。第四章研究了大学语文课程,对大学语文课程的内涵、嬗变、性质等方面做了论述。第五章分析了大学语文教材的相关内容,论述了大学语文教材的变迁、结构与功能以及大学语文教材的使用等问题。第六章对大学语文教学过程进行了探究。第七章就语文课堂创新阅读教学的问题进行了深入的分析与思考。

由于笔者水平有限，本书难免存在不妥甚至谬误之处，敬请广大学界同人与读者朋友批评指正。

刘芳玲　杨　敏　刘雪娟
2023 年 12 月

目　录

第一章 语文教育教学方法基本理论

语文学科性质、语文教学目的、语文教学原则等赋予了语文教学的灵魂。

语文教育教学的基本理念，是人们观察问题、分析问题和解决问题所依据的原理与观念，是语文教学活动的指导思想和行为准则。我们把语文教学理念概括为三句话：人文关怀是语文教学的最高价值追求，个性发展是语文教学的根本指针，回归生活是语文教学的必然途径。

语文教学方法是语文教学的一种重要手段，没有良好的教学方法，就难以取得预期的教学效果。所以，学习语文教学的方法对语文教学有着重要意义。

第一节 语文教育教学的内涵

一、语文学科的性质

对于这个问题，长期以来，没有定论。有"一性说"，即语文学科是工具性学科；有"两性说"，即语文学科既有工具性，又有思想性；有"三性说"，即除了工具性、思想性，语文学科还有文学性；还有"多性说"，认为语文学科具有工具性、思想性、实践性、综合性；还有把语文学科的性质分为工具性、基础性、思想性等基本性质和文学性、知识性、社会性等从属性质两个层次。其中，只有两点是比较一致的，即语文学科的工具性和思想性。

什么叫语文？平常说的话叫口头语言，写到纸面上叫书面语言。"语"就是口头语言，"文"就是书面语言。把口头语言和书面语言连在一起说，就叫"语文"。这个名称是从 1949 年下半年用起来的。中华人民共和国成立以前，这个学科的名称在不同阶段有不同叫法，小学叫国语，中学叫国文，中华人民共和国成立以后才统称"语文"。

语文 = 语 + 文 = 口头语言 + 书面语言 =（口头 + 书面）语言，语文是广义的语言。而语言本身是没有阶级性的。语言是人类最重要的交际工具。语言是工具、武器，人们利用它来互相交际、交流思想，达到互相了解的目的。

这些揭示了语文的本质意义，同时也证明，工具性是语文学科的本质属性。语文虽然是工具，但并非是从事物质生产的工具，而是一种表情达意的工具；语文本身虽无阶级性，但是一经人们使用，它就被赋予了思想情感。"语言是思想的直接现实"，语言是思想的物质外壳，是思想和思维活动的物化。更何况语文教材的内容大多是古今中外脍炙人口的名家名篇，强烈的思想情感自然流露，跃然纸上。由此可见，思想性是语文学科的显著特点。

因此，语文学科是以工具性为本质属性，以思想性为显著特点，是工具性和思想性相辅相成、辩证统一的基础学科。这就是语文学科性质的界说。正确把握这一性质，语文教学设计就必然注意到：既然具有工具性，就应当培养学生掌握并运用这一工具的能力，即理解语文和运用语文的能力，也就是听、说、读、写的能力；既然具有思想性，就应当因势利导、水乳交融地对学生进行思想教育和美感熏陶。

二、语文教学的目的

教育是有目的的行为，是教育者有计划地对受教育者施加影响的过程。语文教学的目的是语文教学的缘起和归宿。语文教学的全部过程、所有层面和一切工作都要服从并服务于语文教学目的的实现。语文教学的目的主要是由语文学科的性质以及总体教育目的和社会发展需求所决定的。语文学科的工具性要求语文教学加强基础知识教学和基本技能训练，语文学科的思想性要求语文教学加强学生的思想品德培养，语文学科的科学化和现代化要求语文教学加强智力开发。"双基"教学、品德培养和智能开发三要素的有机组合，构成语文教学三维结构的整体。当然，不同社会形态和不同历史时期对语文功能有不同的要求，对语文教学目的也就有不同的表述。

三、语文教学的原则

语文教学原则是从语文教学实践中概括出来，又反过来指导语文教学实践的理论，是语文教学中最主要、最本质的内在规律的集中体现，是语文教师处理教材、组织教学必须遵循的法度和准则。

（一）语文"习得性"教学原则

语言学家研究认为，语文中的语言与言语是两个不同的概念。语言是言语的总结和系统化，是由语音、词汇和语法等部分构成的理论体系。言语是个体在特定情境中为完成特定的交际任务对语言的使用。换句话说，言语是人们掌握和运用的语言。

语文教学就是语言和言语的教学。语文课既要向学生传授语言知识（如语音、词汇、文字、语法、修辞、逻辑等方面的基础知识），也要发展学生的言语（口头言语和书面语言）能力。所谓言语能力，即学生的朗读、默读、复述、背诵、看图说话、对话、发言演讲、写话、作文等方面的实际操作语言的能力。这种言语能力的培养主要靠实践、训练习得。这就是语文教学首先遵循"习得性"原则的原因所在。语文"习得性"原则在语文教学中具体表现在语文听、说、读、写能力的训练上。由于听、说、读、写能力的整体性、互补性特点，在语文教学中我们除了对学生进行单项训练外，还应对学生进行听、说、读、写能力的综合训练。进行读写、说写、听说、听写、听读、读说、听、说、读、写等相结合的训练，以求达到学生"习得"言语的目的。

语文教学"习得性"原则是符合美国教育家奥苏贝尔"有意义言语学习"理论和

美国教育家布卢姆"掌握式学习"理论的。奥苏贝尔认为学生通过"有意义言语"的习得，然后保持、内化，同时就可以输出。这一心理学的分析揭示了言语的"习得性"规律，为语文课"习得性"原则提供了心理学、生理学上的依据。布卢姆认为学习是学习过程，教学是教学生学，通过树立目标、群体教学、评价、矫正，学生就可以掌握语文学习。这一理论，强调的是学习的实践性、训练性、重过程、重掌握，为语文"为会使用母语而教"的目标教学提供了很好的理论佐证。

总之，教学是教学生学会学习。把教学的重心放在学生"会学"上，才是现代教学。语文教学是教学生学会言语使用，把教学重心放在学生"会言语"上，才是现代语文教学。皮特·科德说："我们应当做的是教人们一种语言，而不教给他们关于语言的知识。""我们要培养的是使用语言的人而不是语言学家，是能'用这种语言讲话'的人，而不是'谈论这种语言'的人。"① 这是语文教学的实质，是语文教学的方向，每个语文教师都不能忘记，这是我们应该树立的新观念。

语文"习得性"原则还要求语文教师重视学生的语感培养。所谓"语感"，就是社会人对语言的感觉，即在视听条件下不假思索地通过感知语音、字形而立刻理解语音、字形所表示的意义的能力。这种能力当然是靠实践、训练习得的。

（二）语文"开放性"教学原则

20 世纪 80 年代中期，河北特级教师张孝纯提出了"大语文教育"主张，并进行了长达 10 年的教改实验。他在《一条广阔的语文教改之路》中阐述了他的"大语文教育"构想。他认为，语文教学应是"一体两翼"的，"一体"即课堂教学主体，"两翼"即配合主体的语文课外活动和家庭、社会生活的语文学习。这一思想符合语文学科的社会性、生活性特点。美国教育家科勒涅克说："语文学习的外延与生活的外延相等。"② 这句话说明了这样一个道理：语文教学对象是处在生活网络上的学生，语文教学的内容是存在于生活网络上的活生生的言语，语文教学的目的是教会学生正确理解和使用生活言语。因此，语文教学与其他学科就有本质的区别，它除了学校的课堂教学外，更应走向广阔的社会生活，充分利用一切有利的语言环境、言语生态来训练学生的语文能力。语文教学"开放性"原则要求语文教师更加重视语文的课外活动、课外阅读。不仅如此，语文教师还要有目的、有计划、有针对性地开设"语文活动课"，促进学生在生动活泼的课程过程中学会言语、使用言语，让学生走向生活、走向社会、走向自然、走向心灵，做生活的主人。

在贯彻这一原则时，一要"得法于课内，受益于课外"，教学生学习方法，培养其自学能力，使学生养成良好的语文习惯。二要体现语文学习"多师性""随时性""随地性""终身性"的特点，走开放性、长期性的语文教学道路。三要引导、教育学生从我做起，共同创造良好的语言环境，与那些不文明的语言现象做斗争。

---

① S. 皮特·科德. 应用语言学导论 [M]. 上海外国语学院外国语言文学研究所，译. 上海：上海外语教育出版社，1983.

② 张孝纯，张国生. 一条广阔的语文教改之路 [J]. 复印报刊资料（中学语文教学），1992（5）：4-7.

（三）语文"创新性"教学原则

所谓语文"创新性"原则，是指在语文教学中教师要充分利用教材发挥学生的积极性、主动性，引导他们开动脑筋发现、分析、解决教学中的新问题，培养创新性思维的教学原则。

这一教学原则提出的依据是：第一，语文学科思维性的特点及语文学科"开发智力"的教学任务。第二，素质教育的需要。21世纪素质教育实施的核心是创新教育。"为创新而教"已成为学校的主要目标。第三，社会发展的要求。当今世界，科学技术突飞猛进，知识经济初见端倪，国力竞争日趋激烈。时代呼唤创新人才，而培养创新人才靠创新教育。

传统的语文教育，存在太多的弊端，封闭、单一、被动、停滞的教学，传授型、"满堂灌""填鸭式"的课堂，压制了太多的人才。在这样的背景下，提出语文教学的"创新性"原则，显得尤为重要。

语文创新性教学的主要目标是培养富有创新思维的人才。所谓"创新思维"就是"创造过程中的思维活动"。它包括发现新事物、揭示新规律、创造新方法、建立新理论、解决新问题、获得新成果等思维过程。语文教学的新方法、新模式、新观点、新措施、新媒体、新角度等，都是创新教育。

创新性教学原则还要求语文教师尊重学生学习的主体地位，让学生积极主动地思考，形成一种主动适应、开放多样、向前发展的教学新局面，要激发学生学习语文的兴趣，调动学习的积极性和主动性，反对注入式，提倡启发式。通过多种方式，引导学生积极思考，鼓励他们进行创造性思维活动，让他们自己动脑、动口、动手，在学习语文的实践中，自觉地提高认识、获取知识、增强能力、发展智力。这为我们进行创新教学指明了方向。

法国教育家斯普朗格说："教育的最终目的不是传授已有的东西，而是把人的创造力量诱导出来……"[①] 这才是语文教学的真正意义。

如何实施这一原则呢？我们认为，语文教学要做到：第一，尊重学生的主体地位，发挥教师的主导作用。第二，培养学生的求异求新求优意识、能力。第三，启发诱导，鼓励学生积极探索。第四，因材施教，扬长避短，发展个性。第五，引导学生在创造实践活动中学习创新，强调学生多动脑、动口、动手。

（四）语文"审美化"教学原则

语文"审美化"教学原则，也称"语文艺术化"教学原则。它是指施教者按一定时代的审美意识，充分发掘施教媒介的审美因素，向受教者施加审美影响，从而开启其内在情智的一种教学原则。

它的要求与传统的科学只重视"传道、授业、解惑"有着明显的区别。因为传统的语文教学是注重"认知规律"的教学，因而平淡枯燥、缺乏情趣。审美化的语文教

---

① Spranger，E.Berufsbildung und Allgemeinbildung [A].In Kuhne Alfred（Hrsg.）.Handbuch fur das Berufs-und Fachschulwesen [C].Leipzig：Verlag von Quelle&Meyer，1923：20.

学是现代语文教学的鲜明特点，它不仅重视"认知规律"，更重视"美学规律"，按美学原理、艺术原则从事语文教学，因此比传统语文教学更加富有形象性、感染性、愉悦性、和谐性、新奇性和情趣性。学生在课堂上得到的不仅仅是知识，还能更直接、更深刻地得到震惊感、倾慕感、景仰感、欣慰感、荣誉感等各种美的感受。

审美化的语文教学原则要求语文教师尽可能地发掘教学媒介，主要是教材中的自然美、科学美、社会美、艺术美，努力提高学生的感知美、理解美、评价美、欣赏美、创造美的能力，从而塑造学生美的心灵，培养学生对完美人格的涵养和对美的人生境界的追求。

语文审美化教学作为一大原则，它指导着语文教学的方方面面。一方面，审美教育是语文教学的目的之一，语文教学要尽可能地让学生身心得到愉悦，情操得到陶冶，心灵得到净化，从而增强发现美、欣赏美、创造美的能力。另一方面，审美教育作为手段，贯彻于整个语文教学的进程，施教者以美的语言、美的形式在课堂上展现美，引导学生感知美、理解美、评价美，在学生主动参与、情感愉悦的同时掌握知识、培养能力、发展智力。语文教育家阎立钦说："教育是科学，也是艺术。教育理论若不包括美育的研究，就是不完备的理论。语文学科教育缺乏美的教育，将是贫乏的教育。"①

（五）语文"个性化"教学原则

21世纪是一个"知识化时代"和"学习化时代"。为了适应这个时代，教育工作者的重点，不再是教给学习者固定的知识，而应转向塑造学习者新型的自由人格。学校教育的根本任务是培养个性化的主体，培养独特的、独立的个体，身心和谐统一的个体。在这一背景下，我们提出了语文"个性化"的教学原则。

我国目前正在轰轰烈烈地推行素质教育。素质教育是针对"升学教育"提出的教学理念。它要彻底打破升学主义的束缚，在人人成功的教育原则下，主张多价值教育；根据每个学生的特点、性格、兴趣爱好、需要、天赋等来培养和发展学生。语文教学是实行素质教育的主要途径。因此，语文教学必须走"个性化"的道路。

所谓语文"个性化"教学原则，有两个含义：其一，语文教学要尊重受教育者的个性，挖掘教材的"个性""人格"等因素，对学生因材施教，培养学生独立的人格。邓志伟先生说："个性化的目的是实现自由的人格。"这便道出了"个性化"教学原则的宗旨。其二，语文教学"个性化"还表现在语文教师教学艺术的个性化上，即语文教学积极追求教学风格的多样化，形成了不同的风格流派。风格的形成是教师成熟的标志，流派的产生是教育繁荣的征兆。我们倡导语文教学的风格化、个性化。目前，我国出现的以钱梦龙为代表的"导读派"、以魏书生为代表的"自学派"、以于漪为代表的"情感派"、以陆继椿为代表的"得派"、以段力佩为代表的"茶馆派"等是语文教学流派的典型代表，是语文教学个性化的典型例子。

德国教育学家赫尔巴特指出："一切教育的起步在于个性，终点在于德行。"②苏联

---

① 阎立钦.语文教育学引论[M].北京：高等教育出版社，1996.
② 赫尔巴特.教育学讲授纲要[M].李其龙，译.北京：人民教育出版社，2015.

的《统一劳动学校基本原则》也指出："……社会主义的教育原则是要把努力培养集体意识同灵活的个别化结合起来，最终做到，每个人都以能发挥自己的一切才能为整体服务而感到自豪。"① 可见个性教育的重要意义。

"个性化"教学原则要求教师必须尊重个体发展的特征，遵循个体身心变化的发展规律，借文质皆美的课文塑造富有个性的人格。这一原则还要求语文教师走自己的路，创造富有自己独特风格的教学方法，形成自己的"个性化教学"风格。

（六）语文"民主化"教学原则

世界正加紧"民主化"进程，教育正加速"民主化"的步伐。现代"民主化"教育要求教育机会均等和教育平等，要求恢复人类求知的自然动力。

传统上，教师是课堂的主宰，是学生的"警察"，课堂上"专制"，一味地"满堂灌"，秉持师道尊严，学生没有积极性、主动性，更谈不上自觉性。因此培养出来的学生听话、守规矩，没有个性，更没有创造性，这样的教育是违背初衷的。教育的目的在于全面开发人、发展人，因而教师应是学生的引导者、伙伴、朋友，与学生平等相处，尊重学生的个性，发展他们的个性。应该树立这一"民主化"教育思想。

语文教学更讲民主。言语学习讲究语感、语境，追求美感、愉悦，因此它要求施教者与被教者平等相处，形成和谐、宽松、活泼的课堂气氛。只有这样，语文课才能真正做到潜移默化、熏陶感染。当年魏书生打出"科学""民主"的口号进行教学改革，取得了令人瞩目的成就，值得我们深深思索。

"民主化"教学原则，要求教育者尊重受教育者的独立人格，树立为他们服务的思想。"没有独立的人格，也就失去了作为人的根本特性，更谈不上自由的创造性和德行。"学生是学习的主人，他们享有自由发展的权利。只有使学生主动学习，语文才能真正学好，这是不争的事实。因此，我们提倡师生共同协商、平等相处，反对师道尊严。上课要求语文教师态度温和、语言幽默、方法灵活、手段多，提倡使用富有现代化民主思想的问题教学法、谈话法、讨论法、辩证法。上海育才中学校长段力佩当年倡导的"有领导的茶馆式"教学的成功，就是教学"民主"思想的实践的成功，值得学习、推广。

以上是我们根据时代的要求、语文教学的特点提出的六大教学原则。我们相信，它将成为 21 世纪语文教学的方向、现代语文教师的教学指南，我们盼望着语文教学的春天早日到来。

这六条原则，实际上反映了语文教学最基本的内在规律，是语文教学所要遵循的最基本的教学原理。

语文教学的过程实质上是一个矛盾运动的过程。语文教学的每一条原则，都反映了语文教学过程中彼此对立而又相互联系的两方面，体现了既矛盾又统一的辩证关系。在语文教学原则的具体表述上，或曰"相统一"，或谓"相促进"，或称"相结合"，无一例外地都体现出一种正确处理语文教学过程中矛盾运动的辩证思想。这给语文教学

---

① 翟葆奎.教育学文集：18 卷 [M].北京：人民教育出版社，1993.

设计以深刻的启迪：语文教学要用辩证思维，要讲辩证法。因此，站在哲学的高度，运用辩证唯物主义的认识论和方法论，正确认识和处理语文教学中人和书、师和生、文和道、知和能、内和外等诸多矛盾关系，便是语文教师教学设计的匠心所在。

四、语文教学的活动对象

教育是人的活动。人，不仅是生产力中最基本、最活跃的一个因素，也是教育结构中最本质、最活跃的一个因素。教学过程是师生共同活动的过程。无论是作为施教者的教师，还是作为受教者的学生，都是教育教学活动的主人。

教学，就是教学生学。学生在语文教学过程中是认识和发展的主体。教会学生学习，是语文教学的出发点和落脚点。如何教学生学？教学方法从何而来？何时需要引导？如何进行启发？这就需要了解学生、熟悉学生，以期充分调动学生学习语文的积极性、主动性、自觉性和创造性。

第二节　语文教育教学的特点

语文教育的特点，从不同的角度可以有不同的认识。《语文课程标准》在"基本理念"部分主要强调了三方面。

一、语文教育的人文性

语文属于人文学科，它与数学、物理、化学、生物等自然学科不同。自然科学的学科可以由原理、公式、定理、法则等组成。这些原理、公式、定理、法则是人们对客观世界的认识，具有客观真理性。语文则不同，一方面它对人们的精神领域起作用，而且对人们精神领域的影响又是深远的；另一方面，许多语文材料本身就是多义的，具有丰富的内容和很强的启发性，人们对语文材料的反应往往也是多元的。

重视语文的熏陶感染作用，通过优秀作品的浸染，感化人的情性，提高人的人格和道德水准。语文对人的影响是深广的，有时是隐性的、长期的、潜移默化的，短期内不容易看出来，而且，常常是"有意栽花花不开，无心插柳柳成荫"，因而不能指望立竿见影，不能急功近利。如果像理科学习那样，围绕知识点、能力点做大量的练习，难以让学生领悟到语文丰富的人文内涵。

注意教学内容的价值取向。学生学习语文，接触大量语文材料的过程也是一个文化建构的过程。语文对人的影响往往是终生的，其影响之深广不可低估。语文课程应该从对人的发展负责、对国家未来负责的高度来选择教学内容。

尊重学生的独特体验。学生的多元反应是正常的，也是非常珍贵的。尊重学生在语文学习过程中的独特体验，既是对学生的尊重和鼓励，也是对真理的尊重。这是由语文的特点所决定的。

二、语文教育的实践性

在人文学科中，语文与哲学、历史等学科有所不同。哲学可以由概念、范畴、法则、方法等构成一个知识体系，历史则是由大量的史实和历史观构成历史知识，而语文课程却具有很强的实践性。阅读与表达本身既是一种实践行为，又体现了实践的能力。着重培养学生的语文实践能力，包括识字、写字、阅读、写作、口语交际、收集处理信息的能力以及良好的语感等。

重视学生的语文实践活动，使其在语文实践中培养语文实践能力。靠传授阅读的知识来培养阅读能力，不如让学生多读书；学生记住了一整套完整的写作知识，而没有写作的实践，也难以培养写作能力；学生背诵了许多语法规则，而没有在大量的语言实践中形成良好的语感，还是说不好话。这些都是显而易见的道理。这样的知识没有实践的环节是难以转化为能力的。因此，语文实践能力应主要在语文实践中培养，而不能片面强调"知识为先导"。

义务教育阶段不宜刻意追求语文知识的系统性和完整性。语文知识是需要的，但是诸如语法修辞之类的知识，在初中阶段不必讲授过多，也不必追求系统和完整。这一时期的学生还处于感性阶段，应该让学生多接触感性材料，参加感性的实践活动，在实践中提高实践能力，把握语文规律。

语文课程要注意学习的生活化。这是与实践性联系在一起的。语文是母语课程，它与外语不同。学生进校前都有一定的语言基础，因而，不必像学外语那样从零开始，花很多力气去记忆大量的词汇，掌握语法规则。学生生活在母语环境中，生活中处处都是语文学习的资源，时时都有学习语文的机会。因次，在生活中学习语文、运用语文，在实践中接触大量的语文材料，丰富语言积累，形成良好的语感，培养阅读与表达的能力。应强调日常生活中的习得，强调日积月累。在大学阶段，更要注重语文应用、审美和探究能力的培养，这是实践性的深化，可以更好地促进学生均衡而有个性地发展。

三、语文教育的民族性

语文课程应该考虑汉语言文字的特点，考虑这些特点对识字、阅读、写作、口语交际和思维发展等方面的影响。

汉语特别具有个性，它是具象的、灵活的、富有弹性的，可创造的空间特别大。汉语没有多少强制的规矩，应该说，它是一种真正从人的思维与表达的需要出发的以人为本的语言。这种语言在模糊中求准确，用西方语言的条条框框来分析汉语实在是勉为其难。所以，传统的汉语教学词类讲虚实二分，句法重语序，修辞讲比兴二法。

汉语的文化性也特别强，尤其是它的词汇和词组系统具有非常深厚的文化底蕴。因此，我国文学以抒情性强而著称。诗歌代表了中国的艺术精神，可以说，中国的文化就是诗性的文化。

中国语文重视积累、感悟、熏陶和语感，提倡多读多写；应该克服浮躁焦虑的心态，不能急功近利，不能期望立竿见影；不应照搬西方分析的思维方法，要重视培养整体把握的能力。

四、语文教学的过程

（一）语文教学过程的内涵

语文教学是一个系统，它的各个子系统、各个要素相互联系、相互制约，形成纵横交错的坐标式网络。系统中的各种关系，并不是孤立的、静止的、杂乱的，而是联系的、动态的、有序的，是按照一定的内在规律发展变化的。语文教学过程就是其中的一个子系统。它以教学目标、内容、形式和方法等为横轴，以教学阶段、环节、步骤等为纵轴，构成纵横交错的坐标系。不同单元、不同课题、不同课时的教学过程，犹如在这种平面直角坐标系中形成一个个不同形态、不同规模的象限。

教学过程，也称教学程序（教程），或教学流程。不同的语词表达相同的概念，但都具有教学的进程、历程、经过、推进与演变等内涵。它反映了教学发展的各个阶段、各个环节之间的紧密联系，相对独立，并且是有规律的交替和推进。

第一个明确地提出完整的教学程序的理论和方案的，是德国的哲学家、心理学家和教育家赫尔巴特。他在19世纪上半叶，通过对儿童心理活动规律的研究，认为学生在教学过程中的一切心理活动都是观念的运动，提出教学程序要经过四个阶段。第一阶段，明了。主要由教师讲授新知识，并运用直观性原则，集中学生的注意力，使他们专心致志地学习，正确理解所学内容。第二阶段，联合（也作"联想"）。运用谈话的方式，使学生把新学的知识同他们已有的知识和经验联系起来，促进新旧知识的同化，使学生深入理解所学知识。第三阶段，系统（也作"概括"）。指导学生深入探究和理解，对所学知识进行整理和贯通，使之系统化，寻求规律，归纳出原则或概念，得出结论。第四阶段，方法。指导学生独立思考，运用所学的系统知识进行练习或作业。赫尔巴特运用心理学来阐释教学过程，认为教学过程中"明了—联合—系统—方法"四个阶段，同儿童获得知识的心理过程中"注意—期待—探究—行动"四种心态是一致的。这种教学程序的理论后来风行欧美，盛行50余年，逐步形成"赫尔巴特学派"。赫尔巴特被公认为教学过程理论的首创者，成为近现代教育史上传统教育学派的开山鼻祖。

（二）语文教学过程的特征

语文教学过程是教师根据语文教学的目的要求和学生的身心发展特点，引导学生有目的有计划地学习语文知识、培养语文能力、开发智力、陶冶情操、完善人格的过程。从系统科学的观点来看，语文教学过程是由教师、学生、语文教学内容和语文教学手段等要素构成的动态系统，缺少其中任何一个要素都不能构成语文教学过程的系统。

语文教学过程具有明显的多层次性和复合性。从认识论、课程论、学生论、教师论等多视角，可以归纳出它的本质特征。

1. 语文教学过程是一种特殊形态的认识过程

语文教学过程首先是一个师生双边活动的认识过程。辩证唯物主义的认识论认为，认识从实践开始，"实践—认识—再实践—再认识"，循环往复，螺旋式上升，从必然王国走向自由王国。在语文教学过程中，教师的教既是一种教学语文的实践，又是一种对语文教学规律的认识；学生的学既是一种学习语文的实践，又是一种对语文知识和能力的提升，符合辩证唯物主义认识论的一般规律。同时，语文教学过程又是一种特殊的认识过程。

其一，它是有目的的认识过程。语文教学过程是在有经验的教师的组织下，按照既定目的，在特定教学制度和教学形式规范之下，有计划地引导学生主动完成的。这种认识，缩短了摸索的距离，速度快、效率高。学生学习语文知识，不必再像前人认识语文规律那样去长期摸索，而是在老师的指导下，通过语文教材，以十倍、百倍、千倍的速度超越前人。

其二，它的实践具有一定的间接性。对事物的认识大多事必躬亲，身体力行。而语文学习，主要是学习书本知识、间接知识，并非都是直接体验。"一切真知都是从直接经验发源的。但人不能事事直接经验，事实上多数的知识都是间接经验的东西，这就是一切古代和外域的知识。""一个人的知识，不外直接经验和间接经验两部分。因此，就知识的总体来说，无论何种知识都是不能离开直接经验的。"①

2. 语文教学过程是具有专业特点的教学过程

首先，语文课是口头语言和书面语言合称的语言课。其次，文学是语言的艺术，文章借语言来表现。教学时，要使学生通过诵读课文受到形象感染，进而分析、欣赏课文，认识形象的社会意义和现实意义。学习一般文章，同样必须符合文章学、文体学教学的规律，记叙文、说明文、议论文、应用文各有不同的教法，不能千篇一律，公式化、刻板化。最后，语文是具有工具性和思想性的基础学科。语文教学过程要体现学科特点。既是工具，就要练习运用，因此教学中必须强调听、说、读、写训练；既有思想性，就要进行思想熏陶、审美教育，以此净化和美化学生的心灵。这样就能把"双基"训练和思想教育紧密结合起来。

3. 语文教学过程是促进学生发展的教育过程

语文教学过程还是使学生身心得到全面培养和发展的教育过程。语文是学校的一门主课，开设时间最长、课时最多，内容相当丰富，使学生受到的教育也最多、最深。一方面，语文课是语言课，而语言与人的心理发展密切相关。听、说、读、写的各种语言训练，可以从各个层面开发学生的记忆力、观察力、联想力、想象力、具体的和抽象的思维力等。另一方面，语文课里丰富多彩的知识，文化教育、情感教育（审美教育）和品德教育，将使学生各种心理过程以及个性心理特征和行为习惯得到相应的培养与发展，产生以认知为基础，知、情、意、行全面发展的效应。

---

① 毛泽东.毛泽东选集：第1卷[M].北京：人民出版社，1991.

4. 语文教学过程是促使教师自我提高的过程

教师在语文教学过程中起主导作用，引导学生积极主动地学习，并在教书育人中自我提高和自我完善，不断获得新知识，提高认识能力，锻炼育人本领。

5. 语文教学过程是语文教学信息的传输过程

凡是有序的符号系列都可以承载信息，以语文教科书为主的语文教学内容是教学信息的重要载体。

6. 语文教学过程是一个错综复杂的动态过程

语文教学过程既是一个连续不断的思维流程，又是一个错综复杂的结构系统，表现为一种纵横交错的动态结构。它既有共同性，又有差异性；既有连续性，又有阶段性。整个语文教学过程是一个连续的教学流程，而其中又可以分为许多不同的教学阶段。它既有独立性，又有渗透性。教学阶段是相对独立的，而各个教学阶段之间，在教学内容和形式上可能又有交叉渗透。故它既有稳定性，又有变通性。

第二章　语文教育教学的基本理念

所谓理念，是指人们观察问题、分析问题和解决问题所依据的原理和观念，或者说是原则和准则。语文教学理念就是语文教学活动的指导思想和行为准则。语文教学的理念可以概括为三句话：人文关怀是语文教学的最高价值追求，个性发展是语文教学的根本指针，回归生活是语文教学的必然途径。

第一节　语文教育的人文关怀

语文教育要促进个体的身心和谐发展，要使个体在发展过程中获得精神上的价值和人生上的意义。也就是说，个体通过在语言上的学习和训练，文学上的熏陶和习染，不仅可以获得各种知识和技能，还可以体验到各种深刻的人类情感，唤起自身的主体意识，从而追问人生的意义，探询人生的道路，形成独特的人生态度。我们把语文教育的这种功能称为语文教育的人文关怀。

语文教育目标是整个基础教育目标的有机组成部分，对于培养德智体美劳全面发展的社会主义建设者和接班人具有重要的导向作用。语文作为一种兼具人文性和工具性的综合学科，在人的发展过程中起着核心性的决定作用。同其他学科相比，语文教育除了要完成一般学科必须共同承担的智育任务之外，还要密切关注审美教育、人生观教育与人格教育，并以此作为自己的最高价值追求。语文学科这种人文关怀的功能是标示其学科独特性的根本要素，也是语文教育目标的最高追求。我们把语文教育的人文关怀功能提到这么高的位置，一方面取决于对语文学科性质的深刻洞察，另一方面取决于对人的最终发展目标的深刻认识。人的发展的最高境界是精神上的自由和解放、人格上的完善与独立，而所有为此目的所进行的知识的学习、技能的训练、能力的获得及社会生活的实践等工具性行为都必须服从这一最高目的。要实现从人作为发展手段的工具价值到作为发展目的的精神价值的飞跃，必须通过人文教育的洗礼。在现行基础教育体制中，语文教育只有自觉地承担起人文教育这一历史使命，把人文教育贯穿到整个语文教育过程中去，关注人的精神世界的构建和人格的养成，才能为人的全面发展开辟道路。

一、语文教育的人文精神价值

人文精神不是流溢在语文教育本体之外的美丽动人的幻影，而是发自语文文本之中的人性之光。它飘忽不定、难以捉摸，是因为它只对那些敏感睿智、关注内心精神生活的心灵展现自己的魅力。它至刚至大、吐纳宇宙，是因为它超然于万物之上，寄身于纯真、至善、完美之境。

语文教育的人文价值，从静态的文本分析来看，文学与人生的关系是它的集中体现。

吴宓教授指出哲学是汽化的人生，诗是液化的人生，小说是固化的人生，戏剧是爆炸的人生。[①] 文学与人生这种水乳交融、血肉一体的内在联系，使文学成为人生的另一种存在，尽管它不是社会现实自身，却比社会现实更加真实、深刻、感人。人们更多的是从文学艺术创作这面镜子中发现并认识了人自身，因此，文学就是人学。

文学把人的精神不断地引向光明和崇高，是文学在维护着人类那脆弱的社会良知和道德心，也是文学在不断地拓展着感性人生的丰富性与多元性，捍卫着人类理性的尊严和纯洁。因此，语文教育一定要重视文学作品的人文教育价值，把语文教育从工具中心论中解救出来，恢复其人文教育的本来面目。

语文教育的人文价值，从动态的教学过程来看，其人文性主要体现在师生关系的民主性、文本解读的多元性、写作训练的生活化上。只有以民主化的师生关系作为教学的前提，才能充分调动师生两方的积极性，使语文教学充满生命的张力，从而对文本展开开放性、多元化、个性化的阐释，释放出文学作品中深层的人性力量，引发情感上的共鸣，启迪思想上的觉悟。

二、语文教育目标的人文追求

语文教育是人文精神之载体，因此，人文关怀理应成为语文教育之鹄。语文教育目标是一个有机的整体，按现在比较流行的观点来看，它由德育目标、智育目标、美育目标三部分构成，而这三个目标之内又有更细致的分目标。人文关怀同它们之间是一种什么关系呢？这是我们应该解决的根本问题。

人文关怀作为语文教育的最高目标，它不等同于技术操作层面的教学要求，而是着眼于语文教育根本性的价值导向。也就是说，人文关怀与现行的语文教育目标体系不属于同一层面的问题。前者植根于语文教育本体论，后者立足于语文教育方法论；前者制约语文教育的根本价值取向，后者决定语文教育实践的进程与开展。因此，人文关怀不可能以技术化、操作化的方式单独地起作用，它只能以精神导引的方式进入语文教育目标体系，通过影响语文教育目标系统的内在调节与协作间接地发挥作用。

要坚持语文教育的人文精神的价值取向，那么，语文教育的德育目标除了重视传统的政治品质、思想品质、道德品质、个性心理品质等发展目标之外，还要关注人的主体性发展、人格的完善、精神生活的和谐。在智育目标上，除了重视传统的知识、能力、智力发展之外，还要注意智力与非智力因素的协调发展、情感陶冶与生命体验。在美育目标上，除了重视传统的审美知识、审美能力的发展之外，还要尊重个体的审美经验、审美感受，激励个体的审美想象、审美创造以及倡导对人生的审美观照、对

---

① 吴宓. 文学与人生 [M]. 北京：清华大学出版社，1993.

人格的审美塑造。也就是说，人文关怀是一切语文教育手段与工具的灵魂，人的精神发展是所有操作性目标的最终归宿。

语文教育人文关怀目标不是空洞的口号，它既具有悠久的精神价值传统，又具有生动具体的时代内涵。作为一种优良的文化传统，它孕育了生生不息的人类文明；作为一种新兴的社会思潮，它发出了振聋发聩的时代呼声。吴宓提出的文学教育具有八方面的作用，可以作为传统语文教育人文关怀目标的历史性总结：涵养心性、培植道德，通晓人情、洞悉世事，表现国民性，增长爱国心，确定政策，转移风俗，造成大同世界，促进真正文明。面对 21 世纪风起云涌的社会变革，人文精神的时代风貌也将经历时代性的变换。

英格尔斯提出现代人应具备的 14 个特征，归纳起来主要有三方面：第一，现代人具有开放性，乐于接受新事物。他们准备和乐于接受他们未经历过的新的生活经验、新的思想观念，准备接受社会的改革和变化。他们思路开阔，头脑开放，尊重并考虑各方面不同的意见和看法。第二，现代人具有自主性、进取性和创造性。他们注重现在和未来，守时惜时。他们有强烈的个人效能感，对人和社会的能力充满信心，办事讲求效率。他们尊重事实和验证，注意科学实验，认真探索未知领域，不固执己见。第三，现代人对社会有责任感，能正确对待别人和自己。他们能相互理解，能自尊并尊重别人。他们有可依赖性和信任感，不相信命运不可改变，认为依靠社会力量能使人生活得更好。语文教育的人文性应着眼于 21 世纪创业者人文素养的培植。我们把新时代的人文精神的内涵概括为以下八方面：人格健康、高创造力、主体意识、求实求真、乐于竞争与善于合作、个性和谐、乐观开放、热爱生活。这八方面是新价值观的具体体现，也是未来人才培养的方向和标准。以此为基础，语文教育的人文价值应包含以下四方面：

（1）引导学生走近生活、观察社会、体悟人生。帮助他们形成乐观开放、乐于竞争与合作的人生态度。

（2）培养学生的人文品质，使其继承民族文化传统，汲取现代文化精髓，奠定文化底蕴。

（3）陶冶学生的情操，启迪学生的悟性，培养学生的批判思维和创造思维，使学生形成健全独立的人格。

（4）培养学生的主体意识，确立学生在教学过程中的主体地位，发挥学生学习的主动性、能动性与创造性。

三、人文意蕴的开掘

语文教育中人文价值目标的最终实现取决于语文教育实践的正确走向。从语文教育过程的展开来看，选择文质兼美的教材，提高语文教学过程的审美性，立足现实生活激发学生的自我表现与表达能力，是挖掘语文教育人文价值的有效途径。是否符合文质兼美的标准，是制约语文教育人文关怀目标实现与否的关键因素。选文是否具有深刻的思想文化内涵、广阔的文学视野、浓郁的人文情怀，直接决定着语文教育人文性的深度、广度和力度。桃李不言，下自成蹊。文质兼美的选文作为人文精神最好的寄寓之所，对培养学生的人文精神具有本源性决定作用。

我们认为，文质兼美应包含以下五层基本含义。

（一）文道兼美，一多并举

我们不仅要求选文的思想内容与语言表达做到有机统一，还要求选文在思想内容上具有深刻的文化意义、人文意蕴和审美价值，在语言表达上生动准确、隽永晓畅、富有个性。这样的文道观对于语文教材的选文标准才具有真正的实际意义。

文道兼美的选文标准，并不意味着把文道关系限定在狭窄的意识形态、伦理道德和正统文论的域界，而是应该一多并举。从"道"的标准来讲，"一"指的是教材选文应体现人类所崇尚的以真善美为代表的终极精神价值，"多"指的是选文要体现人类思想文化的丰富性、多元性和开放性。我们应以一种博大的文化胸襟和高远的发展眼光来看待文章的思想文化内涵，切忌鼠目寸光、意识狭窄。在选文中，既要有传统的政治伦理教化内容，也要有体现人类普遍的精神价值追求的内容；既要有以明道为旨归的皇皇之论，也要有抒发个人性灵的小品佳作。从"文"的标准来看，"一"指的是选文的语言表达，必须规范、准确，具有代表性、示范性，思想内涵必须源于生活、积极向上；"多"则是强调语言艺术特色的多样化、个性化和风格化，文化内容的开放化、立体化、层次化。唯其文思泉涌、灿烂其华，方能风行水上、自然成文、行而广远，也只有放眼宇宙，博采万物之精华，才能广开眼界、启人心智、有益身心发展。

（二）内外兼顾，和谐统一

教材选文，作为语言学习与文化陶冶的范本，应具有内外两方面的价值，或曰本体价值与工具价值，即精神陶冶价值和语言教育价值。只有做到这两种价值的有机统一，才能体现文质兼美的全面要求。选文的语言教育价值体现在对学生听、说、读、写等基本语文能力的培养上，而精神陶冶价值则立足于学生的精神发展、人格完善上。两者相辅相成、互为依存，因为，从文章本身的统一性来看，语言因素与思想因素是水乳交融、不可分割的。没有思想的语言表达没有实际意义，脱离了语言轨道人的思想同样难以表达。从学生语文学习过程的综合性、复杂性来看，学生的语言发展同学生的思维发展、思想成熟、精神成长有内在统一性。它们之间相互影响、相互作用、和谐共存、共同发展。脱离思想教育、精神陶冶的语言训练会使语文教育变得枯燥乏味、机械生硬，而脱离语言训练的思想教育同样会把语文教育变成迂腐的道德说教、政治灌输。因此，选文的这两种价值标准不可偏颇，应当兼顾。

（三）兼顾选文内外价值的和谐统一

除了独具慧眼外，还要具备科学的编辑加工能力。选文的编排、教材体例的选择、语文知识的穿插、课后作业的设计等环节，都应该体现选文内外教育价值的统一。既要避免唯知识智能训练为中心，也要防止唯主题思想分析推理至上。教材的编辑加工向来不被重视，只被看作一种技术性的工作。其实这是一种错误的看法。它是提高语文教育价值、实现语文教育目标的重要途径，它需要以正确的哲学观、教育观、心理观为指导，以语文教育的内在规律、师生相互作用的互动模式为依据，并要对语文知识掌握、能力发展与精神发展的内在统一关系有深刻的洞察与理解。它既需要有哲学的眼光，又需要有科学的程序，还需要有艺术的手法。从选文到编排、从封面到插图、从设计到印刷，所有步骤都关系着教材的质量和生命。因此，文质兼美不只是一种对文本的内在要求，也是一种指导具体编辑工作的根本原则。

（四）开放思维，审美观照

人文精神从某种意义上讲又可以理解为人类对真善美孜孜不倦的价值追求。因为真善美代表了人类精神的最高境界。这种追求不仅仅包括对知识形态的科学、道德、美学领域的探索，它还指人类在获取这些知识的过程中所孕育出来的科学精神、道德意识和审美体验。其中，审美体验不仅具有相对独立的价值意蕴，还是科学精神与道德意识所追求的最高境界。美存在于自然之中，而科学的发现，不仅指知识，还要关注审美体验。在道德与审美的关系上，审美同样是道德境界的需求。古人强调"文以载道""文以明道"，其用意也在于此。只有把抽象的道德规范和理念渗透到由文学语言所塑造的美好的道德理想人格形象中，才能使个体获得道德实践的驱动力。审美是沟通知识和德行的桥梁，是培养人文精神的必由之路。语文教育要走向人文关怀，就必须通过挖掘隐含在文本中的真善美精神价值以唤醒激励学生的求知、向善、爱美之心，通过审美教育塑造他们的人文精神。

（五）语文教育的审美观照，尤以阅读教学为重

语文阅读活动中的审美教育是美学在阅读活动中的具体应用。它的任务和作用是按照美的规律，用美的信息去激发、引导阅读活动的主体——学生的审美心理和情感，培养学生符合人类崇高理想的审美意识，帮助学生获得健美的心灵和高尚的审美情趣，使他们在开放的语文阅读活动过程中逐步形成正确的审美观念和健康的审美品质，把握辨真伪、识善恶、分美丑的正确的审美标准，提高学生的审美素质和审美能力，以培养全面发展的人。语文阅读活动与审美教育有着难解难分、血脉相承的特别关系。加强审美教育有助于提高语文阅读质量，深化语文阅读效果。语文教材编选的课文，大都是依照美的法则创造出来的"文质兼美"的典范佳作，是集中反映社会、艺术、科学、语言等客观美的结晶。文章精美的语言，展示出崇高的美的艺术境界，而好的艺术境界本身又丰富并增强了语言的艺术表现力。在阅读活动中，一方面可以抓住精彩传神的关键性字词语句，把学生引进它所展示的优美境界，使他们在美的艺术享受中受到熏陶，提高审美能力。另一方面可以抓住令人心灵颤动的意象、情境和形象，引导学生深入体味、领悟文章中高超的语言艺术技巧，提高运用语言表情达意的能力。语文教师要充分利用文章的美学意境，创设审美情境，善于敏锐地发掘文章中的美点，揭示深蕴其中的审美情趣；要善于借助审美意象，启发学生的审美想象，根据文本的特点设计审美议题，以诱发学生的审美体验；还要确定审美目标，指导学生展开审美

鉴赏活动。调动各种手段，把学生引入美的艺术境界，引导学生联想探求，观察体验，既对学生进行了审美教育，又把审美教育和语文阅读活动有机地交融在一起，使学生深入理解课文，提高阅读效果和质量。在这种活动中，教师要从各种不同的审美角度、审美层面引导学生深入地分析和理解。这样既可以使学生受到审美教育，又有助于学生对课文从表层性的体味感知到深层性的领悟理解。

第二节　语文教育的个性发展

一、语文教育个性发展的内涵

　　人的发展的核心是个性的和谐发展。语文教育在学生的良好个性的形成与发展中扮演着主导性角色。传统语文教育在这方面存在着一定的缺陷，没有认识到语文教育对个性培养的重要意义，在教育理念和实践中都陷入了机械化的教育模式，过分追求语文教育的应试价值，忽视了语文教育在个性培养方面的积极作用。

　　斗转星移，教育日新，放眼海内外，个性教育已成为世界教育改革所关注的重大主题。"儿童中心教育学"认为，"每个儿童有其独特的特性、兴趣、能力和学习需要"，儿童之间存在差异是"正常的"。因此，学习必须适应儿童的需要，而不是让儿童去适应预先规定的、有关学习过程的速度和性质的假设，儿童中心教育学有益于所有的学生，其结果将有益于作为整体的社会。

　　我们认为，"儿童中心教育学"概念的重申，表明国际社会在宏观的教育理念和教育政策上确立了个性发展的方向。那么，怎样理解个性发展？

（一）个性是完整的，创造力、想象力等品质是个性健全发展的表现

　　把一个人在体力、智力、情绪、伦理各方面的因素综合起来，使他成为一个完善的人，这就是对教育基本目的的一个广义的界说。因此，个性是道德、体力、智力、审美意识、敏感性、精神价值等品质的综合，是一种"复合体"，即一个完整的人，不能把某一种或某几种品质从完整的人中分离出来孤立地培养。所以，为了培养人的想象力和创造性应首先培养"自由的人"，这应该向青少年提供一切可能的美学、艺术、体育、科学、文化和社会方面的发现和实验机会，而不应该局限于短视的功利需求。

（二）个性是独立的、具体的、特殊的

　　尽管个性发展离不开与他人的交往，但每一个个性都首先具有内在的独立性。每一个人都有其独特的发展史，因此每一个人都是具体的、特殊的、活生生的。

　　每个人都有自己的历史，这个历史是不能和任何别人的历史混淆的。每个人都有自己的个性，这种个性随着年龄的增长而越来越被一个由许多因素组成的复合体所决定。这个复合体是由生物的、生理的、地理的、社会的、经济的、文化的和职业的因素组成的。

（三）个性发展内在地包含了社会性的发展，每个人的发展必然带来整个社会的发展

把个性发展与社会性发展、每个人的发展与整个社会的发展孤立起来、对立起来或并列起来，都是二元论思维方式的产物，都不能正确理解个性发展的本质。

（四）个性发展是一个无止境的完善过程

人和其他生物的一个重要区别是人的"未完成性"，即人的生存是一个无止境的完善过程和学习过程。终身学习不只是社会要求，还是个性发展的内在需求。由此看来，追求学习者的个性发展是世界教育改革或课程变革的重要趋势。从原本上看，每一个个性都是完整的，亦是独立的、具体的、特殊的。因此，培养个性应尊重个性的完整性、独立性。个性发展内在包含了社会性，因此个性的成长是在生活中、在持续的社会交往中进行的。个性发展是无止境的完善过程，因此终身学习应成为每一个人的内在需求。在我国，当代教育改革也在 20 世纪 80 年代后期把个性培养列为教育的主题与使命之一。要把发展人的个性作为教育的培养目标，因为教育在今天只有赢得个性发展，才能赢得社会发展的未来。个性教育，就是真正的、具体的、独特的人的教育，就是使一个生物意义上的实体不仅获得社会性、文化性，更是获得自身独特性、自我确认性的过程。因此，语文教育凭借其自身的人文学科优势理应成为个性教育的核心，发挥中流砥柱的作用。

二、语文个性教育的作用

（一）语文个性教育的价值追求

语文个性教育的价值观是语文教育功能观的直接反映，语文教育有其独特的功能和价值，其功能和价值又具有多层次复合性。

功利本位与人文本位是最能概括当前各种对立观点的一对范畴。功利本位论强调把语文教育的功利性放在首要地位，把学生对汉语的听、说、读、写水平和能力作为语文教育追求的根本目的，突出语文教育的工具价值。在此前提下，他们一般不反对语文教育的人文价值，甚至十分强调语文教育的教化作用。人文本位论则认为语文教育的最大功用在于教化，最大价值在于弘扬人类和民族的优秀文化传统与人文精神，培养学生健康的人格。在此前提下，他们一般不反对语文教育的工具追求和工具价值，甚至认为人类精神传递的前提是对语言文字工具的掌握。

语文教育的特点决定了语文教育的功能绝非单功能，而是复合功能。所谓复合功能，就是将语文教育的各种功能有机地整合为一体的功能。语文教育的复合功能由两大类要素组成，即由工具性要素和人文性要素组成为复合功能球形图，两类要素组合不存在孰先孰后、孰上孰下的问题。

工具性要素的主要内涵是：听、说、读、写、知识方法、思维。人文要素的主要内涵是：情思、审美、伦理、历史文化。工具性要素和人文性要素之所以能够合二为一，关键在于中介要素的作用，中介要素就是汉字和汉文，其作用就是语文教育过程。通过汉字汉语的教育，使要素的内涵发生联动和整合，使两大类要素产生有机连接和整合。汉语文教育的复合功能是一个有机的开放的组合系统，是一种弹性机制，它在信息交换过程中不断地做出自己的选择和应对，系统也会因此发生相应的变化。语文教育的复合功能铸就了我国民族的文化特性，发挥了全面综合的素质教育作用。语文的复合功能观念对于语文个性教育价值观的构建起着决定性的作用。语文个性教育的核心就是要通过语文教育促进学生的个性和谐健康发展。它打破了以往单功能观的狭隘视野，把语文教育置于一个更为广阔互动的历史文化背景之中，突出强调了语文功利性价值与人文性价值之间互为依存、相辅相成的血脉一体的内在联系，从而为人的个性发展铺就了一条更为切实、明确、广远的通道。

语文教育的多功能整合观很好地协调了语文教育的工具性价值和人文性价值、内在价值与外在价值，把个性教育与社会需求有机地结合起来，这对于培养符合社会需要的良好个性品质起到了积极的促进作用。因此，多功能复合的语文教育价值观是语文个性教育的重要理论基石，在当代具有重要的现实意义。在 21 世纪里，语文个性教育的价值追求表现在受教育者的素质规格上，就是要重视个人的自由发展，尤其是人格的健康成长。这一点具有世界性、终极性意义。通过教育，尤其是以人文性为核心特征的语文教育，重塑现代人的人格精神，是促使社会和个人协调发展、可持续发展的重要基础。

（二）语文个性教育在个体人格的塑造方面应发挥积极的作用

通过对自身的人文价值、文化底蕴、思想内涵的充分释放和展开，可以为个体精神的发展、人格形成创设一个良好的成长环境。语文个性教育在人格塑造方面要坚持以下三方面的价值追求。

第一，重塑人格基础，由关注知识技能转向关注个性整体发展，并主要关注精神世界的构建。语文教育要重塑人格的基础，必须正视这一现实，努力扭转这种不良局面与风气，重新把语文教育的重心放在对个性人格的塑造与培养上。要实现语文教育的根本价值，促进个性的和谐发展与人格的健康成长，必须做到两个转变：从理论上要转变对语文教育本体价值的认识，树立牢固的多功能复合价值观，真正理解汉语文本体的质的规定性对语文教育多功能复合价值观的内在的决定作用；在实践上要处理好语文知识技能掌握与文学熏陶、精神启迪、审美体验等隐性因素的关系，使前后两种因素相互联系、相互支持、相互转化。一方面把语文知识、技能因素融入个体精神活动、人格意识、行为模式的整体中去，使其有所附加。另一方面，则把个体的精神世界建构在牢固的语文知识技能之上，为个性的发展打下坚实的语文基础和文化根底。

第二，重塑人格形成机制，由关注教学目标转向关注教育目的，将人文关怀贯彻到教学实践中去。现在的语文教学过分追求教学目标的细目化、可操作性、确定性、完整性等行为性标准，相对忽视了情感性、体验性、审美性、情境性等隐性目标。这种目标教学的偏颇在应试教育模式中表现得尤其突出，忽视了学生的主动性和创造性。

我们知道，语文教育的目的着眼于个性的全面和谐发展，尤其是个体人格与精神的发展。它是整个语文教育的立足点，也是归宿，对于具体的教学实践具有终极性的决定意义与规范价值。语文教学目标则是为了便于实践操作而从教育目的中分化出来，它对加强语文教学的程序性、规范化具有实际的指导作用。但是，这并不意味着在教学实践中按部就班地完成了各种具体的教学目标就能够达到教育目的的要求。按照教学系统论的观点，教育目的的内涵要高于各种具体的教学目标。因此，个体个性的自由、充分发展，精神世界的积极构建，既要以教学目标的实现为基础和媒介，又要超越其上，对其进行积极的转化、扬弃和提升，使其获得个性的特征、人格的意义。各种语文教学目标所规定的知识、技能、思想、文化等学习内容，必须通过个体自我意识的同化、顺应的整合、行为模式的内化与外显的转化，才可能真正地变成个性的有机组成部分。这一过程的实现，一方面要以各种具体语文教学目标的实现为前提。另一方面要借助特定的教育环境，通过个体的自我教育、自我发展、自我提升来实现。教育环境除了包括课堂学习，更重要的是心理氛围、情景诱导、教师的人格魅力及教学活动的潜在影响等隐性因素。因此，语文教育要重塑人格养成机制，必须标本兼治、内外双修，为个性的和谐发展创设良好的教育环境。

第三，重塑人格境界，由"功利人生"的定位提升到"审美人生"的设计。应试教育以其功利主义价值取向为主，忽视了语文教育的审美价值，把文学教育驱逐出语文课堂。语文教育要重塑人格境界，必须加强审美教育。因为只有审美教育，才能为个性的精神世界创造一个超越功利的自由发展空间，才能使个体认识到人生就是一件弥足珍贵的艺术品，从而唤醒他们热爱美、向往美、创造美的美好情感。因此，语文教育只有成为审美教育的过程，才可能充分展现汉语言文字及文学作品中的美感，把学生的精神引向纯净、高尚、理想之境。

三、语文个性教育的实践走向

语文个性教育价值观的确立为语文个性教育实践指明了方向。语文教育在教学实践中应始终坚持以个性的和谐发展、人格的健康成长为指向。个性的发展、人格的形成是多方面、多层次、多方位的，其中创造性是核心因素。从某种意义上说，个性教育就是创新教育或创造性教育。我们知道，个性独特性是个性得以确立的根本依据，个性教育就是要立足于客观存在的学生的个别差异，通过因材施教，充分调动每一个学生的积极性、主动性、创造性，让每个人都体会到成功的快乐，体验到作为学习主体的自主感、成就感，从而释放学习热情和创造能量，培养出个性鲜明、朝气蓬勃、积极进取、勇于创新的社会主体。只有承认学生的个性差异和客观事物的多元性，才能真正地培养出学生的创造性。因此，个性教育必定是创新教育，而创新教育又是促进个性发展的关键因素。语文教育多功能复合价值观决定了语文创新教育内涵的丰富性、多元性。一方面，作为工具学科，语文教育对培养学生独特的个人语言表达能力、语言风格具有促进作用；另一方面，作为人文学科，语文教育对培养学生独特的人格精神、审美意趣、道德素养又具有重要意义。因此，语文个性教育的创造性就是要培养学生的良好语感、独特的语言风格、语文思维创造性以及积极向上的创造性人格。

（一）语感教学与语言风格的养成

一个人的语言往往就是他的精神世界的表征，尤其是以文字为表达手段的书面语，更能较系统、全面、深刻地反映一个人的文化修养、价值取向、审美趣味以及精神追求。而语言风格又是标示一个人语言独特性的重要因素，它是一个人的符号化外貌。语言风格的形成有赖于个体语言的积累与语感生成，良好语感的获得是形成良好个人语言风格的根本前提。因此，语感教育是语文创新教育的重要内容。

（二）语感的性质及语感教学

什么是语感？语感是一种修养，是在长期的规范语言应用和训练中养成的一种对语言文字（包括口头语言、书面语言）比较直接、迅速、灵敏的领会和感悟能力。它具有敏锐性、直觉性、完整性、联想性和体验性。语感虽然具有模糊性、会意性等非理性化的特点，但可以对它做科学的、辩证的分解，分项确定其训练目标。从大处看，语感可以分为听感、说感、读感、写感。从语文理解的过程及方式的角度来看，一个人的语感能力大致可以分解为相互关联的两种判断力：一是语言对象在语言知识方面的判断能力，包括语音感、语义感、语法感和语气感，这是直觉性语感。二是语言对象在内容上真伪是非与形式上美丑的判断能力，它包括思想观念、情感意志、人格状态、审美鉴赏等，这是理解性语感。老一代语文学家把语感和语感教学看作语文教学的本质与核心，是语文教学的最终目的。

（三）语感训练的途径和方法

语感之"感"源于所感之"语"。它是客观语言对象对人的语言器官长期雕琢、不断积淀的结果。因此，要培养准确、敏捷的语感必须注重语言的积累，加强语感的实践训练。

第一，培养学生对字词的感受力。要做到有效的语言积累，多看多记。多看，既看生活，又看书本；多记，就是要在理解的基础上背诵一定数量的名篇佳作。

第二，强调诵读。

第三，凭借生活经验获取语感。

第四，依靠对语言行为意义的感知。语感实际上是经由言语、通过言语又超越言语去感受语言使用者的内心情感和思维的能力。

语感分析训练是提高语言感受力、增加语言意象积累的重要手段。语感的分析侧重在对文本整体感性理解与把握的基础上，针对某些具有文学解读意味的句子或词语进行深层次的理性分析。语感分析最大的难点是把握语言的隐含信息、语言的自我表达。语言的自我表达能力是语文教学所要培养的重要技能，它集中体现了个体的语言个性、创造性和独特风格。

语言表达能力的培养并不仅仅是一种简单的技能训练，它是同个性的思想发展、精神成长、人格追求紧密相关的。促进语言表达能力的发展，必须从促进个性精神和谐发展入手。自我表现是个性精神发展的一个重要方面，它对个体的语言表达能力的发展起着决定性作用。激励学生勇于表现自我，敢于发表自己的见解，抒发自我的生活感悟，是提高个体语言表达能力的重要原则。

四、语文思维的创造性培养

语文能力的核心是思维能力，思维能力的最高层次是创造性思维。创造性思维是一种具有开创意义的高智能的思维活动。它既具有一般的思维基本性质，又具有自身的独创性、突破性和新颖性。

语文学科作为基础教育中的基础学科，对培养学生的创新意识和创造能力具有决定性的意义。这也是深化语文教育改革、实施语文素质教育、实现语文教育个性化的关键。培养学生创造性思维能力的途径和方法主要有：

（一）立足个性差异，培养求异思维

由于每个学生先天遗传特质和后天所受的教育及经历不同，心理发展又处于不同水平，思维能力便有较大的差异。所以，要发展学生的创新能力，就必须承认学生的个性差异和客观事物的多元性。传统的语文教学往往忽视学生的个性差异，按照一种整齐划一的僵化模式对待个性迥异的学生。这不仅损害了学生的自主性和积极性，也抹杀了他们的创造欲望。因此，要加强语文个性教育，就必须积极培养学生的求异思维，发展学生的个性，鼓励他们勇于创造。

（二）深挖教材内蕴，积极诱导启发

学生作为学习的主体，对同一篇文章的感受是不同的。"一千个读者心目中就有一千个哈姆雷特。"因此，教学切忌求同过多，而应尽量引导学生用发散的眼光，立体地、全方位地审视文章的立意、题材、结构和语言，尽可能地鼓励学生去感受体味、大胆想象，形成自己的独特见解。教师只有用全新的、多角度的眼光分析教材，才能开阔学生的视野，使他们运用与众不同的思维方式对问题进行分析、比较、抽象和概括。我们应鼓励学生去思考、去发现，从而在潜移默化中提高自己的鉴赏力、创造力。

（三）激发求知兴趣，鼓励创新精神

创造性思维能力的培养，是以激发求知兴趣为前提的。《论语》中有"不愤不启，不悱不发"的启发性教学原则。语文教学应坚持启发性原则，提问设疑，强烈激发学生的学习情绪，活跃思维，使学生振奋起来，产生积极探求新知的欲望。激发学生的学习兴趣，关键在于精心设疑。问题是创新之源，疑问是探究思索的动因。在语文教学中，基础知识训练、阅读和写作等均可通过精心设疑来激发学生的学习兴趣与创新精神。

（四）丰富想象能力，捕捉直觉灵感

直觉思维是人脑对事物及其本质和规律做出迅速的识别、敏锐的观察、直接的理解和整体判断的思维过程，它是构成创造性思维活动的必要因素，要培养创造性思维能力，就必须加强直觉思维能力的培养。

一要通过阅读教学，发展学生的想象能力。二要加强朗读和进行语感训练。汉语重视语言主体的心理因素，强调直观感受。这种直观感受正是直觉思维力强的表现。加强朗读，进行语感训练，正是凭借着阅读活动的经验直觉对言语做出敏锐感受，从而瞬时性地感知和领悟言语，是培养直觉体味语言的重要途径之一。三要创设情境，触发创新灵感。创设情境是触发创新灵感的有效手段，生活展示、实物演示、表演体会、音乐暗示等都是触发灵感的重要手段。在语文教学中应注意发挥这些因素的作用。

五、创造性人格的养成

语文创新教育不仅仅是语文创新能力的培养问题，创新人才培养的最核心问题其实是自由精神的培植、创造性人格的养成。创造性与其说是一种能力，不如说是一种精神气质、人格倾向。自由精神是一个人创造力的灵魂，它体现在教育管理者、教师与学生三个层面。创新教育不仅要求学生做好知识、技能及思想上的准备，还要求教育管理者和教师具有开放的意识、民主的管理、勇于探索的精神，使创造性成为教育的一种自觉的价值追求。培养创造性的关键是教师要站在学术的前沿，切实了解社会发展及学生发展的需要，灵活多变地调整自己的教学计划与教学设计，以激发学生的创造力为旨归。教师要通过设置特定的问题情境，让学生感受到问题的现实挑战，诱发他们克服困难的内驱力、意志力和人格信念，从而使创新教育与人格的发展联系起来。

语文个性教育要通过语言载体，充分挖掘依附其中的人文精神、价值意蕴，去引导学生求真、求善、求美，培植其主体性，鼓励其培养自由创造精神，真正把创造性教育与个性的人格发展融合起来，使创造性教育获得持久稳定的内驱力。

第三节　语文教学的生活归属

面对信息社会、知识经济时代挑战教育使命，课程脱离生活世界，学生缺乏承担社会义务的态度和参与社会实践的能力的现实，国内外一系列课程改革呼吁，把教育回归生活世界、培养社会实践能力作为强调的重点之一。

终身教育的宗旨是"四种基本学习"（"四个知识支柱"）：学会认知、学会做事、学会共同生活、学会生存。

传统教育过分倚重"学会认知"，然而教育新概念应谋求"这四个'知识支柱'中的每一个应得到同等重视"，谋求这四者的整合。这四个支柱中，"学会做事""学会共同生活"和"学会生存"集中体现了教育、课程回归生活世界的发展趋向。"学会做事"绝不只是熟练某些操作技能、学会某些重复不变的实践方法。

"学会做事"意味着要特别重视发展处理人际关系的能力，也就是说"人格智力"

在知识经济时代具有特别重要的意义。"学会共同生活、学会与他人一起生活",是信息社会对教育的又一挑战,因为日益发展的信息技术既便于人与人的交往,也可能造成"地球村"里人的孤独和疏离。因此,教育应采取两种相互补充的方法,既要教学生逐步"发现他人",懂得人类的多样性和差异性,又要通过从事一些社会公益活动帮助学生寻找人类的共同基础。当人们"学会做事""学会共同生活"的时候,就能够在人类社会生活中"学会生存"。

教育在社会生活中的主体地位,指出"教育处于社会的核心位置"。认为教育是与家庭生活、社区环境、个人生活、社会传媒融为一体的,但教育并非被动适应纷繁复杂、良莠不齐的社会生活,而要对社会进行主体参与式回归,要通过培养每个人的判断能力而对社会进行批判与超越。由此看来,回归生活世界是课程变革的重要趋势。回归生活世界的课程在目标上意味着培养在生活世界中会生存的人,即会做事、会与他人共同生活的人。

这种人既具有健全发展的自主性,善于自知,又具有健全发展的社会性,善于了解他人。回归生活世界的课程在内容上意味着要突破狭隘的科学世界的束缚,除了科学以外,艺术、道德、个人世界、自由的日常交往都是重要的课程资源,这些资源在教育价值上丝毫不亚于科学,而且只有当科学与这些资源整合起来的时候它才能在走向"完善的人"的心路历程上发挥作用。要秉持一种"课程生态学"的态度,寻求学校课程、家庭课程、社区课程之间的内在整合。

一、语文教学必须贴近生活

语文是最重要的交际工具,是工具性极强的基础学科。它既是人们交际的工具、学习的工具、生活的工具,也是人类文化的重要组成部分、文明程度的标志、历史文化的结晶。在当代的信息社会,语文能力更成为一个人获取、加工、输出信息,进行思维创新的重要工具。语文教学必须贴近生活,这是由社会生活所具有的独特的语文教育作用所决定的。

首先,丰富多彩的社会生活是语文课文的源头活水。语文课在学生面前打开了现实生活的一扇窗,通过它的选择和过滤,学生可以自由地观察这个千变万化的世界,洞察生活的秘密,领悟人生的真谛。所以,生活是语文的来源,是学生学习的内容,语文教育不应忽视学生的自主发展对社会生活的内在需求。

其次,现实生活为学生的语言交际活动提供了直接体验的情境和基本的发展动力。儿童最初的语言能力是从现实生活中习得的。语言能力在某种程度上可以说就是一种基本的生活能力。现实生活为学生言语交往设置了特定的对话情境,激发了学生交流的欲望,使学生的言语交流能够获得一种持续的稳定的内驱力。在生活中学生所进行的这种语言上的交流深刻地反映了个体语言学习的内在规律:语言学习需要特定的情境来提供背景信息的支持以创造交流的可能性;同时,语言交流又必须是有所指的、定向的,交流的动力来自某种生活情境内产生的思想和思维上的碰撞或冲突。正是现实生活中所存在的各种矛盾、冲突和问题，才引发了学生语言交流的动机，促进了其思想的发展以及语言水平的提高。

所以，语文教学要重视生活情境在教学过程中的暗示、激励作用，为语言能力的发展铺设一个坚实的生活基础。

最后，语文的工具性决定了语文教学的生活化方向。语言作为理解的工具，不仅为个体与个体之间的思想情感交流创造了可能，提供了手段，而且在个体与历史、个体与传统之间架起了一座沟通的桥梁，个体通过它把历史与文化灌注进自己的精神生活和生命意识之中。历史和传统之所以能够进入当代并影响到个人生活，就是由于语言的作用。

语文教育既要满足个体生活的工具性需要，又要关注个体精神生活的发展，在生活中沟通历史传统与现实，探索理想的人生价值。所以，语文教育必须贴近生活、关注生活。

二、语文教学必须植根于生活

学生语言学习的规律表现在三方面：一是语言的发展与思维的发展紧密相连、相辅相成，而思维的发展起源于动作与活动，是一种经验的建构过程。二是语言的习得必须借助于特定的生活情境，语言能力不是一种抽象的形式，它必须包含实质性的生活经验与价值体验。三是语言的学习是实践性的，它的途径不应局限于课堂教学，而应面向生活实际，因为生活的变化对语言学习具有实质性的影响。这三个基本规律，体现了语文教学与生活之间的密切联系。

认知心理学的研究成果已经证明，儿童的语言与思维的发展同儿童自身的动作与活动具有实质性的联系。从发展过程来看，人的思维的发展要经历动作思维、形象思维与抽象思维几个阶段，个体在与环境相互作用的过程中思维能力不断地由低级阶段向高级阶段发展。在儿童思维发展的早期阶段，儿童自身的动作是沟通环境与主体之间意义联系的桥梁。儿童通过自身动作，在动作中进行思考，借助于动作表达思维的成果，在成人语言的引导下，儿童逐步把语音刺激与动作建立起稳定的联系，从而使思维获得了最初的语言表现形式。随着儿童动作的复杂化以及活动范围的日益扩大，儿童的形象思维开始产生，并不断地向前发展，形成抽象思维能力。儿童的语言能力也相应地从感性水平发展到理性水平。在这一过程中，儿童不断地修正所习得的概念，从而使语言能力不断地发展变化，逐步形成一定的语感。教师要使学生所习得的语言获得实质性意义，具有经验上的价值，就必须加强语言学习与生活经验的联系，在生活经验中使语言及概念获得稳定、准确、真实的意义，从而使个体的思维水平不断地由动作思维、形象思维向理性思维转化，不断地由即时性、联想性向推理性过渡。也就是说，生活经验在思想与语言之间架起了一座沟通的桥梁。因此，语言学习在本质上与生活相连，只有通过生活，并在生活中学习语言，才可能真正培养学生的听、说、读、写能力，使其获得真正的发展。

语言学习必须借助一定的生活情境，才能形成积极有效的思想沟通。语言学习之所以需要一定的情境，是因为情境能创造语言交流的可能性，还可以提供语言交流所必需的背景信息，此外它又构成了语言交流的动力基础。学生掌握语言的过程其实是一种心理图式不断建构的过程，这种建构需要特定的生活情境提供契机。在特定情境的诱发和刺激下，个体才可能形成一定的问题意识和思维定向，促进思维的产生和发展。思维的过程其实就是概念的运算过程。因为生活情境变动不居，个体的思维活动就会处于不断地适应与调整状态。思维的适应与调整的过程，就是内部言语不断地生成、转化、运作、发展的过程。

从生活的发展变化对语言学习的影响来看，语文教学必须联系现实生活，使学生的语言发展获得源头活水，变得生气勃勃。语言系统相对于社会生活，是一个静止的封闭的系统。社会生活不断发展，尤其是现代信息社会瞬息万变，必然对语言系统产生重要的影响，促使其做出相应的反应、调整和变化。除了语言学习自身的规律要求语文教学要生活化外，在语文教学中学生对各种文化知识的掌握、对价值观念的习得、对精神世界的探究等方面都要求学生具有深厚的生活经验作为基础。因为生活的切实经验不仅提供了各种学习的初步的感性知识基础，还孕育了学习的直接兴趣与心理动力，培植了学生基本的生活态度与价值观念。因此，生活化是语文教育走向深入的必然选择。

三、语文教学必须聚焦生活

语文学科课程向生活化发展的方向，应该由原来的重视语文知识的教学转向对语文能力的培养，特别是对生活实践中运用语言能力的培养，这是编写语文教科书应掌握的重要原则。语文教材通过广泛取材，兼收并蓄，沙中淘金，成为社会生活的聚焦，人生智慧的结晶。在编写语文学科教材时，应充分提高语文教材的生活价值、发展价值，处理好以下四个关系。

（一）处理好语文知识序列、个体心理发展序列和个体生活序列的关系

理想的语文教材应该是语文知识序列、个体心理发展序列与个体生活序列的有机统一。三者之间应是相互渗透、相互促进、相辅相成的关系。也就是说，语文教材的编写既要考虑到语文知识的系统性、逻辑性和完整性，又要考虑学生心理发展的阶段性、递进性、反复性，还要考虑学生实际生活的需要与社会生活的需要。

语文教育的一个根本任务就是要发展学生的语文能力，而学生语文能力的发展是同认知能力，尤其是思维能力的发展紧密相连的，而个体的思维能力的发展又具有普遍的序列性和规律性，即要经历动作思维、形象思维与抽象思维的过程。因此，学生语文能力的发展也必然具有一个基本的序列，这个序列理应成为我们设置语文知识与技能阶段性目标的依据，成为不同学段语文教材选文的标准。另外，学生的实际生活经验对语文的学习具有重要影响。不同年龄阶段的学生具有不同的亚文化特征，往往形成不同的生活经验序列。

我们应以学生的心理发展序列为基础，以学生的实际生活序列为指导，以语文知识的可接受性为标准，以语文能力的发展为目标，设计生活化的语文教材。

（二）要处理好阅读、写作与生活的关系

阅读和写作并不是一一对应的线性因果关系，而是由量变到质变的过程。阅读是学生感知、吸收、消化并理解语言材料的过程，它是写作的必要准备。因此要提高学生的写作能力，就必须扩大学生的阅读量，开阔学生的视野，使学生积累大量的语言材料，获得丰富的语感刺激，形成一定的思维能力。写作不仅需要学生有阅读能力，还需要以个体的生活感悟作为触媒或催化剂，否则，语言就失去了生命力与创造性，写作就会陷入痛苦的技术制作之中。学生只有通过对生活的独到的观察、切身的体悟、深刻的反思，才可能激活头脑中已有的知识经验、事物形象和语言材料，才可能文思泉涌、下笔千言、一气呵成。因此，语文教材一方面要扩大信息量，加大阅读的力度。另一方面要设计一些引导学生观察社会、体验生活、思考人生的课堂语文活动，以激发学生写作的欲望，创造学生写作的契机。

（三）要处理好语文知识学习与语文能力发展的关系

语文课程生活化，意味着要在语文知识与语文能力之间架构生活化的桥梁，使语文知识的学习为语文生活能力的发展服务。学生语文能力的发展并不是单纯地由语文知识转化而来的，它还要借助于个体的生活经验、语言交际的经验以及模仿他人语言的学习经验等多方面的因素的支持和作用才可能获得发展。因此，语文课程生活化要在坚持语文知识基础地位的同时，加强对语文能力的训练，突出语文生活经验对语文能力发展的重要作用。

（四）要处理好文言文和白话文的关系

语文课程的生活化，要以白话文为主体，但这并不意味着否定文言文的生活经验价值。文言文作为古典文化的载体，它是历史生活生动、逼真的写照，具有极其丰富的生活教育价值。因此，语文课程生活化非但不应排斥文言文教学，还要在适当的范围内加强它。

文言文内容的选取要充分尊重历史的真实性与现实性，不可以政治功利主义的眼光武断地、不负责任地对经典文献进行肆意的歪曲、附会与篡改，使文言典籍中的传统精神遭到肢解和割裂。文言文的教学要采取渗透原则。文言与白话之间存在着千丝万缕的内在联系，白话中有不少有生命力的文言，因此，在白话文中渗透文言文教学，不仅是可能的，而且是可行的。文言文教学要从现行的以语言文字的学习为中心的课程目标转化为以古典文化的学习为中心的课程目标，处理好语言与文化之间具有的既有机统一，又分主次本末的关系。对于学生来讲文言文主要是认读经典的工具，对文言表达能力不做要求，因此，切不可以枯燥的古典语言文字学的要求和标准设计语文课程，以免误导学生对文言文的学习。

　　我们所追求的是使学生通过文言文的学习，获得基本文言阅读能力和对传统文化经典基本思想的掌握，并在学习过程中获得传统文化的陶冶、习染和精神的教育，而不是培养专门的古汉语文字学家。

第三章 语文教学方法的基本理论

语文教学方法是语文教学的一种重要手段。没有良好的教学方法，就难以取得预期的教学效果。哲学家黑格尔把方法比喻为"耕地的犁"，生物学家达尔文说"最有价值的知识是关于方法的知识"。什么是方法？从现代科学意义上理解，方法是指人们在有关的活动领域，把握事物规律，为完成某种任务而采用的途径、手段、工具和方式的总和。语文教学方法是教师引导学生自觉而有效地完成学习语文知识、培养语文能力、陶冶品德情操等任务所采用的方式、手段和途径。

第一节 语文教学方法的基本原理

语文教学方法，首先要了解语文教学方法的内涵、特征和分类，明确优化语文教学方法的标准和要求。

一、语文教学方法的内涵

方法是一个多视角的复合体。从哲学的视角来看，它是人类认识世界和改造世界的方式与手段，人们称为"方法论"。从心理学的视角来看，它是人类自主控制的行为程序。"科普宁认为方法不能直接规定为客观世界中存在的某种东西，方法就是指人在认识和实际行动过程中应该怎么办。"

方法实质上就是一定对象运动规律的规定性和活动模式，它在一定的范畴内规范着人们的行为方式。

列宁说过："定义可以有多个，因为在对象中有着许多侧面。"[①]

语文教学方法具有多层次的内涵。从宏观、从广义、从整体来看，它是概指实现语文教学目的所采用的教材编排、教学过程、教学原则、教学形式、教学设施、教学技术等一切方面。人们平常泛指的"改进语文教学方法"，实际上多指"语文教学方法论"。从微观、从狭义、从局部来看，它是师生为达到语文教学目的而进行的相互联系活动的形式，也就是独立的、具体的语文教学方法，是教法和学法的统一。我们所说的语文教学方法是狭义的，为了完成教学任务所使用的工作方法，它包括教师教的方法和学生学的方法。

---

① 列宁.列宁全集 [M].俄文版.北京：人民出版社，1941.

二、语文教学方法的特征

语文教学的方法不是一种孤立的方法，而是受到多种教学因素的制约；语文教学的方法也不是一种单一的模式，而是多姿多彩、变化多端的；语文教学的方法更不是凭空产生、一成不变的，而是发展变化、推陈出新的。正确认识语文教学方法的基本特征，认识它的整体功能，是选择运用和改革创新语文教学方法的基础与前提。也就是说，无论是选择运用，还是改革创新，都必须充分考察语文教学方法在语文教学整体坐标系中的位置和功能。它与各种教学因素、教学环节以及方法与方法之间相互联系、相互作用、相互影响，进而进行教法结构的整体设计，提高语文教学的实际效益。

语文教学方法的基本特征可概括为三方面。

（一）语文教学方法具有依存性和变通性

这是从它与其他教学因素的关系来说的。所谓依存性，就是指语文教学方法要受各种语文教学因素的制约。首先，教学思想统率教学方法，教学方法是教学思想的直接体现。教师设计某种教学方法，总是有意或无意、自觉或不自觉地受一定教学思想的支配，完全不受任何教学思想支配的教学方法是不存在的。坚持"教师中心""书本中心"的教师，往往习惯于"老师讲，学生听"，大多采用讲和读的方法，时常由教师唱"独角戏"，讲述、讲解、评析，一讲到底，难免有"满堂灌""注入式"之嫌；主张"学生为主体，教师为主导"的教师，注重"导读"，尽量设计各种有利于调动学生主体意识的讲、读、议、练、看的教学方法。因此，从这个意义上来说，语文教学方法的改革，归根结底是教学思想的改革。其次，教学目的决定教学方法，教学方法为教学目的服务。如果以传授知识为教学目的，则主要可以采用讲授法；如果既要传授知识，又要培养能力，则必须讲练结合。此外，语文教学方法还要受到语文学科性质、语文教学内容以及学生年龄和心理特征等多种因素的制约。所以说，语文教学方法具有较强的依存性，不能主观随意地盲目设计和使用。但是，与此同时，语文教学方法又具有较大的变通性。它的依存性并不能限制它的灵活变通。不同的情态可以采用相同的方法，相同的情态也可以运用不同的方法。比如，各类文体教学都可以采用讲练结合的教法。又如，传授知识，既可讲授，也可讲读议多种方法综合运用，即使是只用讲的方法，也有是用"启发式"还是用"注入式"的高下优劣之分。这种变通性就是"弹性"。语文教学方法的"弹性"特征，说明"教无定法"，要求教师设计和运用时采取相应的灵活态度，不拘一格，不遵一法，学会变通，善于权变。

（二）语文教学方法具有多样性和综合性

这是从它的表现形式来说的。语文学科性质的综合性、语文教学内容的丰富性、语文教学过程中师生相互联系活动形式的多样性，以及语文教学方法自身的变通性，决定了语文教学方法具有多样性。比如，语文学科内涵丰富多彩，语文教学方法也就绚丽多姿。识字、释词、析句、习篇可有多种教法，语法、修辞、逻辑、文学知识可有多种学法；听、说、读、写各种能力，各有各的训练方法。记叙、说明、议论、应用各类文章，各有各的讲法、读法和写法。而多样化的教学方法的交织使用，势必形成语文教学方法的综合性。实践证明：任何一种教学方法都有它的长处和优越性，也有它的短处和局限性，叫作"尺有所短，寸有所长"；哪怕是再好的教学方法也不是"万应灵丹"，包治百病；各种教学方法各有其长，各得其用。因此，语文教学中决不能单一地只使用某一种具体方法。比如，一堂新授课，光讲不行，还要读，可能还要议和练；即使是讲，也不能只用讲述法，还要交错运用讲解法、讲析法乃至串讲法、评点法等。所以，在语文教学中，以某种方法为主、其他方法为辅、多种教学方法交错使用的情况是常见的，这也是语文教学方法综合性的特点所决定的。

（三）语文教学方法具有继承性和创造性

语文教学方法的继承性和创造性是从它的发展变化来说的，这是举一反三的启发式教学法构想，是两千多年前孔子首倡的，至今仍然具有强大的生命力。至于吟诵涵咏、口诵心惟、熟读精思、旁推交通之类的传统教法，已经影响并且继续影响着我国一代又一代语文教学。由此可见，语文教学方法既不是从天上掉下来的，也不是人们的头脑里所固有的，而是从历史的沃土中生长出来的。历史是无法割断的。试想，谁能在现代语文教学中完全排除古人和前人创造出来的教学方法呢？语文教学方法具有历史继承性，这是不言而喻的。

但是继承传统绝不等于故步自封。任何事物都在不断地发展变化，停止发展就会丧失生命力，语文教学方法同样如此，总要在继承的基础上创新。仅以阅读教学方法为例，从古到今、从传统教法到现代教法，它经历了"串讲法、诵读法、评点法、讲读法、分析法、谈话法、精讲多练法、讲读法、读书先导法"这样一条发展轨迹，不时发展变化，推陈出新。

这种"出新"包含三个层次。一是新的组合，那就是将现有的具体、单个的教学方法经过科学的排列组合，形成一种新的教学方法，比如读写结合法。二是新的引进，也就是从外国引入一些先进教法，结合本地教学实际，进行消化、推广，比如情境教学法、五步读书法等。三是新的创造，也就是总结自己和他人的丰富教学经验，遵照教育教学原理，结合实际，别出心裁地设计创造出一种新的教学方法来，比如"读、画、批、写"教学法等。教学方法的设计和使用，既是一种技术，更是一种艺术，特别需要扬长避短，推陈出新，发挥创造性。

概括地讲，上述语文教学方法的三大特征，体现了语文教学方法本身的三对辩证关系。正确地处理好这三组对立统一的矛盾，也就可以整体把握语文教学方法的本质。

三、语文教学方法的分类

语文教学方法到底有哪几种？这就牵涉到一个教学方法分类的问题。而这个问题，长期以来，言人人殊，见仁见智。

达尼洛夫、叶希波夫则分为这样三类："保证学生积极地感知和理解新教材的教学方法；巩固和提高知识、技能和技巧的教学方法；学生知识、技能、技巧的检查。"①

而有人则把教学方法划分为三个相互联结的层级：第一层级，包括以语言文字为传递媒介、以传递知识为主的五种基本方法，即讲授法、谈话法、读书指导法、练习法、检查法。第二层级，以实物为媒介，除传递知识以外，具有培养实际技能、操作能力的功能，即演示法、实验法、参观法、实习作业法、课堂讨论法等。第三层级的教学方法是新的综合的方法。

教学方法的分类是多视角、多层次的。对语文教学方法的分类，既要借鉴普通教学方法分类法的原理，又要依据语文学科教学自身的特点，还要顾及语文教学方法的历史和现状，集中起来，就是要确立一个能够反映语文学科特点、便于区分的划分标准。

这个标准，可以由以下四方面组成：第一，从教学论来看，语文教学方法作为一种教学手段，它主要采用的活动形式。第二，从信息论来看，作为一种传递信息的通道（信道），它主要凭借的传递媒介（传媒）。第三，从生理学来看，作为一种外部刺激，它主要作用于生理感官。第四，从心理学来看，作为一种心理调节方式，它主要调节心理机能。根据这种划分标准，语文教学方法可以分为四类：

第一类，运用语言的方法，包括讲述法、讲解法、评析法、串讲法、评点法、谈话法、问答法、商议法、讨论法、默读法、朗读法、背诵法、吟诵法、复述法等。它主要采用讲、议、读的活动形式，凭借语言符号这种媒介，刺激人的言语器官，主要促进学生的记忆和理解。

第二类，直观感知的方法，包括观察法、观摩法、参观法、演示法等。它主要采用看和听的活动形式，凭借模型、实物和图像等媒介，刺激人的感觉器官，主要强化学生的感知。

第三类，实际操作的方法，包括提纲法、抄摘法、作业法、作文法等。它主要采用动手做的活动形式，凭借人的肢躯等媒介，刺激人的效应（运动）器官，主要训练学生对知识的应用技能。

第四类，综合交错的方法，如板书图示法、讲练结合法、读写结合法等。它采用多种（两种或两种以上）活动形式，凭借多种媒介，刺激多种生理感官，多方面调节学生的心理机能，发挥多种语文教学方式效应。

四、语文教学方法的优化

谈到语文教学方法，必然论及语文教学方法的优化。按照巴班斯基的观点，教学最优化的基本办法，即既能提高教学质量，又能节省时间和精力的那些做法。对教师的"教"来说，是"选择能有效地解决相应任务的组织学习、刺激学习和检查学习的方法和手段"；对学生的"学"来说，"在学习中合理地自我组织、自我砥砺、自我检查"。语文教学方法究竟如何优化？近年来，我国语文教育专家学者对此进行了专门研究，推出了一套套方案，提出了一个个标准。比如，有的人认为，语文教学方法的优

① 达尼洛夫，叶希波夫.教学论[M].北京师范大学外语系1955级学生，译.北京：人民教育出版社，1961.

化至少应包括这样四项内容：一是提高教学方法改革的自觉性。二是提高教学方法研究的科学性。三是注意教学方法运用的灵活性。四是提倡教学方法的多样化。有的人则提出了教学方法是否优化的四条标准：一看时间效应，即运用这种教学方法，时间上是否经济。二看质量效应，即运用这种教学方法，质量上是否能够保证。三看心理效应，即运用这种教学方法，是否符合学生心理发展过程。四看社会效应，即运用这种教学方法，社会效果是否好。所有这些观点和主张都能给人以启迪，具有理论价值和现实意义。

语文教学方法的优化，对于语文教师来说，应当努力做到：科学选用，巧妙组合，刻意出新，自成体系。这四句话，既是四项教学要求，也是依次递进、逐步上升的四个发展阶段、四种教学境界。

科学选用既是基础，也是优化教学方法的基本要求。选择运用教学方法，必须依据正确的教学思想、既定的教学目的、学科的性质、教学的内容、学生的特点以及教学环境的状况，并且做到课时少而效果好，尽量提高单位时间的教学效益。概括地说，就是必须符合语文教学的规律和教学过程最优化的原理。这是科学性的要求。

巧妙组合讲变化，在科学性的基础上讲究灵活性，能够将不同的方法巧妙地排列组合，使之更好地为完成教学任务、提高教学质量服务。刻意出新求发展，对原有的、常规的教学方法进行分析评价，汰选扬弃，通过引进改造和更新换代，创造出新颖的教学方法。

自成体系日臻完善，要求语文教师在长期的教学实践和艰苦的教学改革探索过程中逐步形成一套自己的教学方法体系。事实上，每个教师在毕生的教学实践中都可能形成一套自己习用的教学方法，问题是这套方法是否成为完善的体系。而体系的完善性，就是科学性、灵活性和创造性的总和。

第二节　语文教学方法的基本形式

语文教学就是建构起常规教学方法系统。这个常规语文教学方法系统，主要是由讲授、诵读、议论、练习、观察五个大类的几十种具体教学方法构成的。

一、讲授法

讲，是语文教学最基本的方法，既是传统的，又是现代的。

张志公先生说："所谓启发式，是教学用的一个术语，指的就是采取这种启发的办法进行教学，来代替完完全全的由教师来讲，学生完完全全被动地来听的这种方式。……可是我们万万不能从这里得出来教师不能讲，教师一讲，或者教师讲得多一些，就是'满堂灌'了，不能得出这样一个结论。教师就是要讲，得会讲，得善于讲，得讲得好，讲不等于'灌'。"① 苏霍姆林斯基也曾强调："教师的言语是一种什么也代替

---

① 张志公. 暨蒙学书目和书影 [M]. 上海：上海教育出版社，1992.

不了的影响学生心灵的工具。"① 所以说,讲授的方法在语文教学中占有重要的甚至是首要的地位。

语文教学的讲授法是一个大的门类,包含下述主要的具体教学方法。

(一)讲述法关键在"述"

教师采用叙述和说明的方式来讲授语文知识。它以班级学生为对象,充分发挥教师的主导作用,在较短的时间内集中传授密集的书本知识,保证知识传授的系统性、完整性和深刻性。讲述法一般用来介绍作者和时代背景及叙述课文内容,再现情境气氛,阐发中心思想,总结写作特点等。

它纵贯教学全过程,横穿各类文体教学,是各种教学方法中使用频率较高的一种方法。教师要吃透教材,掌握精髓,把最能体现内在规律性的知识教给学生,做到"少而精";要突出重点,突破难点,围绕教学目的,集中讲述必要的知识,不致旁逸斜出,横生枝节;要语言精练,讲述生动,尽量运用语言直观以及表情、手势等体态吸引学生、感染学生;要启发诱导,双边协同,充分调动学生感知、思维等多种心理机能,把教师讲述和学生讲述结合起来。

(二)讲解法关键是"解"

教师采用解说和诠释的方式来讲授语文知识。这是一种释疑解惑、点到为止的教学方法,主要用于解释字词,串解难句,解说概念史实典故,诠释名物典章制度等。运用讲解法,要保证准确性,有根有据;要具有明晰性,解说清楚,表述中肯,不能模棱两可,含混不清;要富有针对性,哪些要解说,哪些是诠释,事先心中有底,课上有的放矢,解学生之所惑,释学生之所疑,讲学生之所需。

讲述法和讲解法都是讲授法,实际教学中,要彼此配合,共同作用。

(三)评析法

教师采用评价、分析的方式来讲授语文知识。评析法主要用来剖析课文内容、评论写作特点、讲评作业等。教师运用理论思维对语文教学内容进行判断、推理分析、综合、归纳、演绎,从而引导学生加深领会,提高认识,由初步感知教材到深入理解知识。采用评析法,既要精当,有的放矢,切中要害,要言不烦,一语破的,又要实在,有感而发,言之有物。

(四)串讲法

这是一种古文教法,也适用于某些艰深语体文的教学。它依照篇章结构顺序,逐段逐层乃至逐句逐字地重点讲解,串通文意。串,就是贯穿、连接,用以疏通语句文意;讲,就是解字释词。串讲的步骤一般是:读—讲—串。读一段(句),讲一段(句),然后贯通文意。串讲法适用于教学内容深奥、文字艰深的课文,特别是文言文教学。正如古人所云:"每句先逐字训之,然后通解一句之意,又通解一章之意,相接续作去。明理演文,一举两得。"运用串讲法,并非每字每句都要详加讲解,而应突出重点、难点。

---

① B.A.苏霍姆林斯基.给教师的建议 上 [M].杜殿坤,译.北京:教育科学出版社,1980.

重点一般指思想内容或写作技巧方面在全篇中处于关键地位或者是有特点的句段。难点可以是没有注释而又难以理解的，或读了课文注释仍难理解的，或可能有歧义、有多种解释的字词句段，涉及社会历史背景和名物典章制度的内容，表述含蓄深奥甚至晦涩难懂的地方。

（五）评点法

评点法也是一种古文教法。评，指品评；点，指圈点。评点就是对文章写作方法和思想内容加以品评圈点，指出其突出之处。比如，指点炼字遣词的精当，品评修辞表达的巧妙，赞赏立意谋篇的奇特等，有时也对重点字词或关键词语做些注解。古人读书评点重在圈点，并各自设计了圈点标记的办法，比如，南宋朱熹有《读书分期标记法》、明代归震川有《史记圈识凡例》等；今人阅读评点重在品评。评点时一般是逐句评点，逐段小结。运用评点法，要要言不烦，明白准确；注重写法，兼及内容；抓住关键，设问置疑。

二、诵读法

读，也是语文教学的基本方法。所谓诵读法就是通过反复诵读，疏通文字，体会感情，理解内容，同时培养语感，积累语言材料，训练读书技巧，增强语言的感受力和记忆力，提高语文素养。诵读包括朗读、背诵、吟诵等具体教学方法。

朗读就是把书面语言转化为响亮的口头语言。这是一种眼、口、耳、脑等多种生理机能共同参与、协调动作的阅读。它能增强语感，训练语音，再现课文情境，加深课文理解，培养学生的记忆力、语言感受力和口头表达能力。朗读的要求：一是准确，做到语音正确，语句完整，句读分明，停顿合理，不哼读，不唱读，不拖泥带水读，"须要读得字字响亮，可误二字，不可少一字，不可多一字，不可倒一字，不可牵强附记，只要多诵遍数，自然上口，久远不忘"。二是流畅，读得连贯流利，恰当把握语调和语气，体现抑扬顿挫、轻重缓急。三是传神，也就是有感情地读，熟练地运用语音和表情，表达出文章的风格神采。

"可是在目前的语文教学里，大多数还没做到好好地读。有很多地区，小学里读语文课本还是一字一拍的，这根本不成语言。中学里也往往不注意读，随口念一遍，就是读了，发音不讲究，语调不揣摩，更不用说表出逻辑关系，传出神情意态了。这是不能容忍的。读得马虎，就减低了语文教学的效果，哪怕你旁的方面做得相当好。"[①]

叶圣陶先生早在 1955 年就批评指出，语文教学应当从根本上改变不好好读书的局面，要运用多种方式进行朗读教学。首先，要加强教师的范读（或播放优美录音），为学生树立样板，并以此为手段，帮助学生深入体会课文的情感意蕴，增强教学效果。其次，要交替使用散读（自由读）、弃读、个读、引读、跟读、伴读、轮读、对读、指名读、分角色读、表演性读等方式，经常性地进行专门指导，授之以法，从严训练，

① 叶圣陶.叶圣陶语文教育论集 [M].北京：教育科学出版社，1980.

使学生形成敢于和乐于高声而有感情地朗读的风气与习惯，真的学会读书。[①]

背诵法是凭借记忆念出读过的文章词句，在理解的基础上熟读而成。背诵有助于积累丰富的语言材料，模仿名家名篇行文说话，提高语文素养，所谓"熟读唐诗三百首，不会吟诗也会吟"便是这个意思；背诵还是语文教学中的一种"记忆力体操"，长期适度训练，可以开发并强化学生的记忆力。但是不能把死记呆背和背诵法简单地等同起来。

运用背诵法教学必须注意：一要坚持数量要求，每个学期必须要求学生背诵一定数量的诗文选段。二要精选背诵材料，所背诗文，或是名家名篇，或是典范段落和精彩片段。三要加强方法指导，提示所背文章脉络或关键词语，作为记忆的"支点"，帮助学生较快理解所背内容。

吟诵法，一种古老的诵读方法。它用唱歌似的声调来诵读作品，以声入情，因声求义，以此感受作品的思想内容和韵味情调，包括两种方式：一种是按一定曲调唱，又叫吟唱、吟咏、吟哦、吟讽，适用于律诗、绝句、词、赋等抒情性强的古典文学作品。另一种曲调感不强，诵读成分较多，听起来朗朗上口、连贯流畅，又叫吟读、朗吟、讽诵，适用于读长篇歌行体诗、古代散文中叙事性强的文学作品。运用吟诵法，既要深刻把握作品意境，使吟唱腔调与作品内涵协调一致，又要掌握一些吟诵的基本技巧。

三、议论法

议，语文教学基本方法之一，是通过师生之间回答问题或展开讨论来完成语文教学任务的教学方法。它本是一种古老的教学方法，《论语》就是孔子与其弟子门生的讲谈录。古希腊大哲学家苏格拉底在论辩中运用问答法，通过巧妙的诘问，引导对方承认自己的观点是错误的，所谈的是自相矛盾的，并将这种谈话法称为"助产术"。

议论法以问、答、议、论为主要表现形式，使学生有较多的质疑问难、发表见解的机会，有利于激发学生的学习热情，发挥其主观能动性，促进和发展他们的积极思维，使他们养成敏捷思考、迅速作答的习惯和能力，同时有利于提高学生的口头语言表达能力。议论法主要包括谈话、讨论等具体方法。

谈话法也叫"提问法"，由教师提出一些问题，引导学生积极思考，得出正确答案。这种教师提问、学生作答的对讲形式，就像日常生活中的谈话，故称"谈话法"。谈话的过程实际上就是启发学生分析问题、解决问题的过程。

有效地运用谈话法，关键在于教师如何设计提问和组织问答。一是谈话设计的整体性。对于提问、作答要做通盘思考，整体设计，不要"东一榔头，西一棒子"，零打碎敲，使教学失去系统性和条理性。二是谈话设计的启发性。设计提问要有利于开拓学生思路，引导他们积极思维。既不过浅过易，保持一定的思维力度，又要让学生"跳起来摘果子"，通过努力可以达到，同时还要顾及全班，所提问题难易搭配，使各种水平层次的学生都有答问的机会和能力，用以调动全体学生的学习热情。三是谈话设计的艺术性。要善于设疑、引趣，巧于曲问、点拨，还要注意教态和蔼亲切，坚持诱导

---

① 叶圣陶.叶圣陶语文教育论集[M].北京：教育科学出版社，1980.

激励，营造一个融洽生动的谈话氛围。谈话法的最大特点，就是充分发动学生既质疑问难又释疑解惑，便于充分发挥学生的学习主体作用。教师必须真正吃透教材，牢固把握教学重点，精心设计教学步骤，善于驾驭课堂，做到活而不乱，游刃有余。

讨论法也称课堂讨论法、问题讨论法，是在教师精心运作下，以集体（小组或全班）的组织形式，围绕某一教学要点或专题，展开议论甚至争辩，从而获得知识、开发智力的一种教学方法。

讨论法的形式多种多样。从组织形式分，有同桌对话、小组活动、全班讨论等。从讨论内容分则有：质疑问难，可用于文字艰涩、内涵深邃作品的释疑解难；心得交流，适用于课内外读写心得交流；专题评述，多用于评述文学作品，也可用于评析同学作文，进行作文集体讲评、问题辩论等。

运用讨论法时，必须注意：一要充分准备，选好论题，明确要求，妥善安排，指导学生浏览参阅资料、起草发言提纲等准备工作。二要严密组织，加强宏观调控，引导学生踊跃发表意见，围绕中心进行。三要认真总结，从中得到提高，收到实效，不能虎头蛇尾，有始无终。

四、练习法

练，也是语文教学的基本方法，是教师指导学生反复训练，将知识转化为技能的一种教学方法。孔子要求"学而时习之"。夸美纽斯则明确指出："一切语文从实践去学习比用规则学习来得容易。这是指的听、读、重读、抄写，用手用舌头去练习，在可能的范围以内，尽量时时这样去做。"①练习法的最大功能就是使学生运用学过的知识，投入听、说、读、写的各项实践，促使知识迁移，形成必要的语文技能和熟练技巧。

练习的方式方法很多。既有课堂练习，又有课外作业；既有单项训练，又有综合训练；既有书面作业，又有口头练习。练习主要有复述、提纲、抄摘、作业等。

（1）复述法是以课文为依据，根据理解和回忆，用自己的语言叙述课文内容的练习方法。复述法能够促使学生熟悉课文，理解课文，锻炼和培养理解、记忆、概括、想象和口头表达等多种能力。复述方式很多：简要复述，以简明的语言，扼要叙述主要内容，一般用于检查预习或复述长篇课文，可以训练学生的概括能力；详细复述，包括复述课文基本内容和重要词句，多用于低年级或短文教学；摘要复述，摘取课文中的重点部分或精彩段落等，复述可详可略；创造性复述，以原文为依托，展开合理想象，进行必要的创造性描述。运用复述法，应当指导学生恰当地运用课文中的语言和自己的语言，正确而有选择地表述课文内容。复述前要明确要求，让学生准备充分；复述中要启发鼓励，使学生正常发挥；复述后要总结讲评。

（2）提纲法是用准确、简明的语言扼要概括课文内容并揭示其内在联系的教学方法。它可以帮助学生深入理解课文，进行语言和逻辑思维能力的训练。编列提纲类型繁多：从内容分，有段落结构提纲、情节线索提纲、人物描写（或评价）提纲、景物（环境）描写提纲、论点论据提纲、说明顺序提纲等；从形式分，有条文式提纲、表解式提纲、

---

①　夸美纽斯. 大教学论 [M]. 傅任敢，译. 北京：教育科学出版社，1999.

表格式提纲、图示式提纲、词句辑录式提纲、综合式提纲等；从范围分，有全篇提纲、段落提纲、片段提纲等；从作用分，有预习提纲、分析提纲、板书提纲、练习提纲等；从繁简分，有详细提纲、简单提纲。编列提纲的步骤是：首先，将课文内容划分段落层次。其次，用简明扼要的词语概括每个段落层次的内容。最后，按照一定的逻辑顺序，将这些概括性词语正确地排列组合起来。提纲可以师生共同编列，也可由学生单独编拟；可在课内讲习、练习时结合教读进行，也可在课内外自读时进行，还可作为课外预习、复习的作业安排。

（3）抄摘法，也叫摘记、摘抄，是有选择而又扼要地抄写摘录的一种练习。抄摘实际上就是抄读。"抄读就是边抄边读。前人治学，重视抄读，他们认为抄读的益处不仅在于积累资料，而且还有促进注意和强化记忆的效果。"①抄摘种类也不少。从范围分，有全文（多是短篇）抄录、片段摘要、语句摘抄、词语抄写等；从内容分，有精美诗文抄录、优美描写摘要、名言警句摘抄、重要词语抄写；从形式分，有课堂笔记、课后作业、课外读书笔记等。指导学生运用抄摘法：一要养成随手抄摘、工整书写的习惯。二要多读多抄、边抄摘边思考。三是要组织全班性抄摘活动，如由学生在黑板上开辟"名言角""每日一句"等专栏，举行班级抄摘比赛等。四是要求学生设计并开展各种课外抄摘活动，如做名言警句书签、编图文并茂的文萃册等。

（4）作业法指教师为了巩固、深化和提高教学效果而给学生布置学习任务，要求学生限时完成的一种教学方法。作业一般在教完新课后集中进行，可在课内，也可在课外，和其他教学方法交叉进行。它的形式多种多样。从表达形式分，有口头作业、书面作业；从训练方式分，有朗读、背诵、复述、听写、抄写、组词、造句、解释词语、分析句子、编列提纲、回答课文内容或形式方面的问题等。运用作业法，要加强科学性，讲求实效。

五、观察法

它是教师指导学生运用自己的视听器官，直接感知客观事物，增强感性认识的直观教学方法。一般来说，人主要靠视听觉摄取信息。观察是人的智力活动的起始，是人认识世界、将物象转化为表象的桥梁。

苏霍姆林斯基指出："从观察中不仅可以汲取知识，而且知识在观察中可以浮现起来，知识借助观察而进入周转，像工具在劳动中得到那样。如果说复习是学习之母，那么观察就是思考和识记知识之母。一个有观察力的学生，绝不会是学业成绩落后或者文理不通的学生。"②

观察法包括观摩、演示、参观等具体方法。

（1）观摩法即组织学生观看利用幻灯、投影、电视录像、教学电影等电教媒体展现的与教学有关的内容，从而增强感性体验，深入理解教材内容的一种方法。比如，结合学习课文《祝福》，观摩电影《祝福》;结合学习《林黛玉进贾府》，观看《红楼梦》

---

① 陆震谷.学习方法决定学习成绩 [M].上海：上海锦绣文章出版社，2007.

② B.A.苏霍姆林斯基.给教师的建议：上 [M].杜殿坤，译.北京：教育科学出版社，1980.

电视录像片段;结合学习《天山景物记》,观摩有关天山风光的幻灯片等。运用观摩法,需注意:一是要求教师学会操作一般电化教具,并会做教学幻灯片、投影片。二要认真组织和指导学生观摩,做到事前明确要求,观摩过程中插入解说指导,事后进行讨论和总结,使观摩的过程成为一个完整的教学过程。

(2)演示法指利用教学卡片、挂图、实物、标本和模型等教具辅助教学的一种方法。运用演示法,特别注意教具出示和收取的适时性,要紧密配合教学需要,指导学生及时细致观察,不能顾此失彼,分散学生注意力。

(3)参观法是配合教学概要,组织学生到一定场所参观访问,以增强感性认识,深化对课文的理解,获取作文素材的一种方法。比如,结合教读《荷塘月色》参观校园荷塘;结合教读《中国石拱桥》等说明建筑物的课文参观当地的建筑物;结合教读山水游记课文,组织郊游并指导写作游记;等等。运用参观法,需注意:一要确定参观目的,制订参观计划,明确参观要求。二要严密组织,具体指导,要求学生做好参观记录。三要指导学生整理参观笔记,组织讨论、座谈,写观后感或写作预定的有关作文,把感性认识上升到理性认识。

第三节　语文教学方法的变革

一、语文教学方法的创新

创新,是语文教学方法变革的重要途径。广大语文教师把握改革开放的大好时机,充分施展自己的创造才华,推出了一批语文教学的新方法。下面择要介绍其中六种。

(一)自学指导法

自学指导法也称"自学法",自学辅导法,是教师指导学生自学获取语文知识、培养语文能力的一种教学方法。这种教学方法的创新和推行,是以"学生为主体,教师为主导"教学思想的重要体现。学生根据教师规定的教材或自学材料、指定的作业,自己阅读或做习题,教师适当指导、答疑和小结。这种方法适用于小学三年级以上的学生。其优点是,以学生自学为主,注重培养学生的自学能力和自学习惯,有利于创造型人才的培养;弱点是,基础差的学生常常力不胜任,如果指导不力则容易使教学放任自流。

它有各种不同的方式:一是划块式,即在一节课内,划出一块时间,用于学生自学和教师指导自学。二是整堂式,即用整整一堂课的时间,专门用于学生自学和教师指导自学。三是课外式,即在正课结束后,规定一个时间,指导学生自学,一般以学习吃力的学生为对象,也有全体学生都参加的。

运用自学指导法,必须注意:一要明确学习的目的和要求,结合自学内容布置激发学生学习兴趣的思考题和练习题,让学生心中有数,带着问题自学。二要指出自学内容的重点和难点，指明自学的步骤和方法。三要给学生提示或者提供参读材料或自学手段，帮助他们自行解决学习中的问题。四要进行巡视指导，对于自学吃力的学生还要有重点地进行个别辅导，细致观察和掌握学生自学情况，及时解决需要教师指导的问题。五要创设良好的自学环境和条件，让学生专心自学，提高自学效率；六要检查、总结自学情况，肯定学生自学的成果，解决学生自学中的疑难问题，不断提高学生的自学质量。运用自学指导法的关键在于教给学生自学的步骤和方法。比如，魏书生老师总结了"四遍八步读书法"：一遍跳读（记梗概、记主要人物），二遍速读（复述内容、厘清思路），三遍细读（掌握字词句、圈点摘要、归纳中心），四遍深读（分析写作特点）。自学指导法正在全国范围内逐步推行，有着广阔的发展前景。

（二）读写结合法

它是从读学写，以写促读，读写结合，实现读写水乳交融、齐步发展目标的教学方法。影响最大并自成体系的要数广东省潮州市小学特级教师丁有宽。他经过八轮教改实验，逐步创设了"以记叙文为主体的读写结合五步系列训练法"。针对过去语文教学模模糊糊一大片的弊端，提出"杂中求精，打好基础，乱中求序，分步训练，华中求实，突出重点，死中求活，教给规律"的教学思想和教学方法，运用心理学、工程学、系统论等科学理论，指导学生读写结合，反复训练，开设"15分钟观察口头表达课""寻美作文课"等多种特殊训练课程；在四、五年级学生中提倡自学自得、自拟标题、自改作文，甚至取消传统的专门的作文课，而把大量的写作片段训练和综合训练糅合在阅读教学之中。

（三）比较教学法

这是把两种或两种以上的语文因素集中起来，进行比较、分析，探寻法律，加深理解的一种教学方法。我国著名幼儿教育家陈鹤琴先生曾经将它用于幼儿教育，将两种相近的物体让孩子进行区别，分清其特征属性，使孩子对所学事物认识正确，印象深刻，记忆持久，在幼儿园的教学中起着重要的作用。而作为一种语文教学的具体方法，它的兴起、推广和逐步定型还是近几年的事。运用比较法进行语文教学，可以使学生明了知识构成规律，系统地巩固所学知识，并培养举一反三、触类旁通的自学能力。

比较的方式主要有四种：一是横比，即两个或两个以上同类的语文因素相比，比如、字词句篇，主题、题材，手法，人物、事物各自之间的相互比较。二是纵比，即同一语文因素的前后发展变化相比，比如，词的本义与引申义，古今语法特点，课文修改前后的比较。如教《藤野先生》，用原句"从此就看见许多新的先生，听到许多新的讲义"比较改定句"从此就看见许多陌生的先生，听到许多新鲜的讲义"，就发现作者遣词造句的准确、精当。三是对比，即将相对或相反的语文因素进行比较，比如，同义词与反义词、对偶句、对立人物形象、相对写作方法之间的比较。四是类比，即用同类的两个语文因素中的通俗易懂的一个来与另一个相比，实际上是进行类比推理。

比较的类型大致有两种：一是求同比较，对相同或相似的语文因素，通过横比或类比寻找共同的规律。二是求异比较,对同类而不同特点的语文因素,通过对比或纵比,区分差异。

比较教学法运用的途径主要有四条:一是新旧联系。学习新知识,启发学生联系旧知识,从旧知识中寻找比较对象。二是设问求比。教师根据教学需要提出问题,要求学生围绕问题去收集课内外语文材料,寻找比较点。三是单元教学。一次学习几篇同类课文,启发学生认识它们之间的联系与区别,确定比较点。四是对比讲评。学生作文之后,以学生作文为例,展示同一题目的不同写法,引导学生比较分析。

(四)得得教学法

得得教学法简称"得得法",也称"一课一得,得得相连"。"得"是指教学必须使学生有所得,不仅要使学生学懂,而且要学生学会。整个教学过程是教一点,学一点,懂一点,会一点;只有懂了、会了,才算是"得"了。一篇课文在为训练点服务时,教学全过程大致分为三个阶段:一是自学预习阶段。先由教师做自学启发,然后由学生自学,再由教师着重提示课文中作为例子的部分,为突出训练点的要求做准备。二是逐点落实阶段。教师突出训练点的具体要求,引导学生精读、深入钻研并解剖范例,进行单项训练,落实一"得"。三是读写结合阶段,学生在剖析范例后进行写作的模仿和创造。上述三个阶段形成一条"综合(课文)—单一(举例训练)—综合(作文)"的完整的思维链。得得法本是一种教学体系,并非一种具体的教学方法,但是,这种"一课一得,积小得为大得"的语文教改精神已得到广泛贯彻,不少教师已将"一课一得"作为一种独立使用的具体教学方法。

(五)情境教学法

根据课文内容和教学要求,运用各种教学手段,创设适合学生学习语文的生动情境,使学生入境会意,触景生情,从而加深理解,学习语言,开发智力,陶冶情操。情境教学法,作为一种具体的教学方法,已在全国各地逐步推广。

运用情境教学法,关键是创设一个语文教学的生动情境,主要方式有两种:

第一,模拟情境。一般是通过图画、照片、音乐、文学语言、电化教具等教学手段,再现教材提供的情境。根据儿童思维与注意的特点,模拟的情境要具有形象性和生动性,可以通过五种途径模拟情境,即以生活显示情境,以图画再现情境,以音乐渲染情境,以语言描述情境,以扮演角色体会情境。五种途径,既可以从中选用一种,也可综合使用几种,但最终都要落实到语言学习上。比如,教《周总理,你在哪里?》,可以播放配乐诗朗诵,教师范读并采用多种读法,引导学生反复朗读,使学生既深刻理解课文内容,又进行语言训练。

第二,选取情境。阅读教学,可以借助电教手段配合课堂教学,如结合课文放映有关的幻灯片、投影、录像和教学电影,使学生如闻其声、如见其人、如临其境;作文教学,可以带学生走出课堂,实地观察,开阔视野,丰富素材。

运用情境法,需注意:一要因文设境,不同文体、不同课文要创设不同的情境。二要随机取境,尽量做到因陋就简,就地取材。三要情智交融,创设情境的根本目的是更好地完成语文教学的任务，通过情境教学要使学生更好地学习知识，开发智力，陶冶情操，而不是为情境而情境，走向趣味主义。

要进入学习情境，必须进行情境诱导，情境教学法就是使学生在教师的帮助下完成学习过程。因此，教师教学中要注意以下三方面。

1. 施教的趣味性

兴趣是推动学生学习的直接动力，兴趣的主要职能就是使学生把学习化作自己的动力和需要。"知之者不如好之者，好之者不如乐之者。"这是古代教育家孔子的经验之谈。"所有智力方面的工作都要依赖于兴趣。"①这是现代心理学之父皮亚杰的著名论断。教学实践证明，引导学生在思考探索的过程中体验到乐趣，感受到兴奋和激动，是提高教学成果的捷径。而要使学生对学习产生兴趣，教师就要把课讲得情感横溢、趣味盎然、生动活泼。趣味性，这是情境教学法的重要内涵之一。语文教师要千方百计把课上得有味，讲得有趣，让学生在活泼的气氛中，在愉悦的心境里，在轻松的环境下去学习，去探索，品味到语文课的甘甜与芬芳。如要求背诵古典诗词，每次早读一首，日积月累，以提高学生的文学修养和兴趣，每堂课设计引人入胜的导语，一开始就紧紧吸引住学生。有很多行之有效的方法，常用的有直观演示、开拓想象、抓点拎线、形成悬念、展现意境、激发情感、讨论答辩等。这样的方法克服了学生厌倦消极的心理状态，促使学生以极大的热情投入语文学习的天地，来提高学习的积极性，激发求知的兴趣。

2. 求学的主动性

"'教'不是'统治'，不能代替'学'，而是启发学生'学'，引导学生'学'。语文教学应该把立足点'从教出发转移到从学出发'。"教学过程是开发学生智力、培养学生能力的发展变化过程。教学的对象是充满情感和个性各异的活生生的人，教学的目的只有通过学习者本身的积极参与、内化、吸收才能实现。学生是学习活动的主体，学生能否主动参与，成为教学成败的关键。情境教学法的目标就是提高学生的学习兴趣，开启学生思维之门，培养学生积极主动的学习态度。常言道："好的开始等于成功的一半。"激发学生的学习动机，多在导入新课时进行。此时或确定学习重点，让学生有一个目标；或介绍学习方法，使学生前进有路；或导入有术，令学生进入情境。情境教学法十分讲究和重视这一环节的设计。根据不同的教材，针对不同的对象，采用不同的导语。常用的方式有问题悬念式、诗词曲赋式、格言警句式、故事传说式、温故入新式、解题式、练习式、知识式等。学生的学习动机被激起后，无论是好奇、新鲜，还是情感、关注的需求，都成为一种努力探求的力量，促使学生积极参与到学习活动之中，成为学习的主人。培养学生的参与意识，是教学民主的具体体现，它能给学生尊重感、信任感、理解感。学生在主动参与的内驱力推动下，为求知而乐，为探求而兴奋、激动，到达了一个比教学预期目标还要广阔的境界，体验到成功的乐趣，得到一种精神的享受。变"要我学"为"我要学"，学习成为一种自我需要，使学习动机更为稳定和强化。情境教学法使学生在愉快的学习情境中产生学习动机，教师全力创造

① 皮亚杰.教育科学与儿童心理学[M].傅统先，译.北京：文化教育出版社，1981.

适于学生潜力发挥的条件，让学生全体参与、主动参与。诚如是，那么在语文教学的舞台上，定能演出有声有色的话剧。

3. 情知的对称性

语文教学的过程既是一个认识过程，即智力因素活动过程，还伴有一个意向过程，即非智力因素活动过程。语文是培养学生优美的情感素质与优秀的智慧素质的重要课程。在这门课程中，既有一个完整的认识结构，也有一个极丰富的情感世界。情境教学法就是把这两方面紧密地结合在一起，不仅仅把语文作为工具性的学科，追求知性目标，还让它成为培养品格与智能双向发展的载体。情境教学法要在循文、析像、悟理的过程中领情、注情、传情，充分运用情感在认知过程中的特殊功能，从学生的学习需要出发，根据教学目的创设教学情境，提供具体的场景或氛围。当学生置身其中，"物色之动，心亦摇焉"，所以"登山则情满于山，观海则意溢于海"。在教学情境中，学生与情境之间发生种种信息交流，加强听、说、读、写的全面训练，努力使语感训练、文感训练、情感训练、智能训练协同发展，能全面完成传授知识、发展智力、培养能力、陶冶性情的教学任务。情知对称，经过长期的探寻和实验，"每个情感目标都伴随着一个认识目标"，"你中有我，我中有你"，一石二鸟，一举两得，达到了理性（认识）与非理性（情感）的高度默契，实现了教书育人的统一。

情境教学法建构起以"情境"为主体、以"情感"为中心的教学框架，以"趣味"动其心，以"情知"移其意，引导学生主动参与，以发展智能为终极目标。在"爱"的氛围中，在"美"的情境里，在"情"的感染下，活化学习动机，开启心智，陶冶情操，使学生不断获得成功的快乐，对提高教学效率，进行审美教育都具有重要作用。

（六）思路教学法

叶圣陶先生指出："作者思有路，遵路识斯真。""看整篇文章，要看明白作者的思路。思想是有一条路的，一句一句，一段一段，都是有路的。这条路，好文章的作者是决不乱走的。"[①] 思路就是作者写作时的思维过程，它外化为文章的结构线索。教师根据作者的思维过程和文章的结构线索，指导学生分清段落层次，把握文章结构，概括思想内容，体会作者思维逻辑性，进而学会独立阅读、分析的教学方法，这就是思路教学法。

思路不同，思想境界就不同。所谓"思想境界"是指文章中作者立意所达到的高度（指中心思想或主题思想），具有阶级性和政治思想倾向性，而思路则是作者的逻辑思维通过一定的语言文字的表达，体现思维的条理性。思路有别于语感。所谓"语感"是读者对作品中具体的语言文字的一种敏锐的感受，并非对文章整体结构层次的理解。思路教学要注意思路"接通"，也就是把作者所写文章的思路、教师教学的思路和学生学习的思路三者统一起来，让学生能理解文章的思路。"接通"的关键在教师，教师的教学思路是联系其他两种思路的桥梁和纽带，所以教师在教学时必须吃透两头，一头是文章思路，另一头是学生思路。通过深入钻研教材，精心设计教学，运用各种切实可行的教学方法，把两者"接通"，使学生正确理解文章结构和内容。

---

① 叶圣陶. 叶圣陶语文教育论集 [M]. 北京：教育科学出版社，1980.

思路教学的具体做法很多。一是自读探思路，就是通过引导学生自读，探索文章条理。二是分段显思路，用划分段落层次，归纳段意、层意来显示文章思路。三是提纲理思路，即引导学生编写课文提纲，厘清文章结构。四是设疑引思路，教师按照文章线索设置一连串疑问，引导学生释疑解惑，认识文章思路。五是讲解析思路，主要凭借教师对课文的讲解分析，厘清思路。六是板书明思路，用板书设计来显示课文思路。

二、语文教学方法的引进

引进，是语文教学方法变革的另一个途径。多年来，我国语文教学学习域外语文教学经验，引进了不少教学方法。

（一）发现教学法

"发现"的本意是找到前人没有找到过的事物和规律。作为一种教学方法，它由美国心理学家布鲁纳所创。按照他的解释，"发现不限于那种寻求人类尚未知晓的事物的行为，正确地说，发现包括用自己的头脑亲自获得知识的一切形式"①。发现法是教师提供适合学生学习程度的教材，引导学生自己探索，发现问题，寻找答案，得出结论的教学方法。它可以激发学生的学习兴趣，使学生获得长久保持而又便于迁移的知识，培养学生的钻研精神和创造能力。在语文教学中，发现法又称"问题教学法"或"设卡法"。

运用发现教学法的一般步骤：一是设问，即创设问题的情境，使学生内心产生矛盾，主动提出要求解决的问题。二是假设，即由学生利用已有的知识，利用教师提供的材料，提出解答问题的合理假设，探索解决问题的途径。三是验证，即让学生从理论上或实践中检验自己的假设。四是总结，得出共同的结论。

发现法在引进过程中得到改造，逐步成为适应各地教学实践的语文教学方法。比如，由发现法衍生的"引导发现法"采用如下五个步骤：一是准备，教师引导学生明确探索的目标、意义、途径、方法等。二是初探，根据既定的目标和途径，引导学生通过阅读、观察、思考等学习实践活动，主动概括出知识规律，寻求问题的答案。三是交流，教师组织引导学生交流初探成果，对于有争论的问题展开深入讨论。四是总结，学生整理知识使之系统化，教师对学生小结进行评价和修正，使之进一步掌握知识的内在联系。五是运用，学生通过各种形式的练习，完成一定难度的任务，验证巩固知识，增强运用知识解决实际问题的能力。

（二）SQ3R 学习法

SQ3R 学习法又称"查、问、读、记、复习法"或"五步阅读法""五段学习法"，是一种引导学生进行自学的读书方法，始创于美国艾奥瓦大学。SQ3R 系五个英语单词的缩写，代表了阅读过程的五个步骤，即纵览（Survey）—发问（Question）—阅读（Read）—背诵（Recite）—复习（Review）。第一步全面浏览，对所学内容做框架

---

① 杰罗姆·布鲁纳.布鲁纳教育文化观[M].宋文里，黄小鹏，译.北京：首都师范大学出版社，2011.

式的大体了解，即对所学材料，从内容提要、目录、序言到大小标题、图表、注释等，先粗略地看一遍。第二步略读，着重阅读读物的主要内容（包括重点和难点），并提出问题。第三步带着问题深入阅读，可以圈点、画线或写提示性批语，还可以做笔记。第四步回忆复述，即合上书本，对各部分提出的问题予以解答，回忆各个章节要点，巩固学习内容。第五步复习巩固。这种学习方法，在运用时学得比较扎实，适用于需要记忆和深刻理解的精读与必读材料，但它费时较多，对于只需一般了解的略读材料不宜采用。

这种学习方法引进我国语文教学，不但适用于学生自学读书，而且经过移植，可以适用于阅读教学中的精读课文教学，加上教师的启发引导，改造成具有师生双边活动特征的"五步自学指导法"，即定向浏览—略读质疑—深读理解—回忆解答—复习小结。

（三）科学扫描法

科学扫描法又称"速读法"或"扫读法"，指在有限时间内尽快地、有目的地、有效地阅读文字材料，并获取所需信息的方法，主要原理是采取科学视读法，减少眼停的次数、时间和回视，扩大视读广度，达到提高阅读速度的目的。

它突破了按字词句读书的习惯，而是一行一行、一块一块地扫视；采用略读和寻读相结合的方式，略去一般性文字，发现重要内容，则减慢速度，按行跑读，遇到关键处，再逐字逐句细细品味。据现代结构语言学统计，通常文章的一般性内容约占全篇的75%，而要点只占25%。据研究，一般文章的组织结构，大体可分七个部分：一是名称，二是作者，三是导语，四是一般内容，五是事实、数据、公式之类，六是新奇之点，七是争议之点。速读就像雷达跟踪目标，敏捷地抓住文章中的六、七两点，而将其他略去。这样单刀直入、直取精髓的读书方法，可用较少的时间，赢得较大的阅读量。和一般性阅读相比，科学扫描法的一般指标是速度高一倍，理解系数达50%。作为一种读书方法，科学扫描法需要加强训练。其主要方式有：一是遮盖扫描。读完一行，就用纸片遮盖这一行，以减少回视，扩大眼停的视读广度。二是限量扫描。即限时读完一定数量的文字。三是计时扫描。计算阅读一篇材料所需的时间，再做一些检测理解力的练习题，测定扫描效果，如此多次检测比较，及时反馈。四是块面扫描。编好与横行竖排字数相同的块面阅读材料，让学生一次读一个块面，要求眼脑直映，养成快读习惯，逐步扩大块面字数，以提高每次眼停的视读广度、阅读速度和理解力。五是狭条扫描。目光在书页字行的狭窄区间移动，视线不仅集中于一页材料每行文字的中心，而且投向这狭窄长条的所有文字。六是直线扫描。视线在每行文字的中线垂直往下移读，要求一次眼停看一行字，常用于阅读报刊。七是顺序扫描。将一篇文章的上述七个部分作为阅读的目的任务，依次扫描搜寻。八是机器训练。采用速示器、速读器等机械装置辅助训练，以加快眼动或扩大视读广度，提高扫描速度。

引进的教学方法还可以列举一些，如问题教学法、暗示教学法、快乐教学法、范例教学法、图表教学法、利用图书馆学习法等。

三、语文教学方法的发展

语文教学方法是语文教学动态系统中的一个动态的要素，它本身就是一个动态的子系统，是不断运动变化的。语文教学设计应当探寻语文教学方法运动变化的规律，把握它的发展趋向，遵循它的发展途径，做语文教改的"弄潮儿"，将语文教学方法改革推向前进。

（一）语文教学方法的发展趋向

纵观国内外语文教学方法变革的历史经验和现实状况，在今后较长一段历史时期，语文教学方法的发展趋向主要表现为三大特征。

1. 主导主体有机结合

语文教学方法是教法和学法的有机统一。随着一个时期处于支配地位的教学论思想的更替，教学过程理论和教学方法理论也相应变更。一时主张教师中心，以教法的灌注为主；一时提倡儿童中心，以学生的自动为主。这种变更，古今中外几百年乃至几千年来，已经发生过数次。"读史使人明智"，历史的经验促人警醒。"经过一番否定之否定后，我们才有主导、主体辩证统一的教学观。"①语文教学必须坚持以教师为主导、以学生为主体，语文教学方法应当体现这种主导主体的有机结合。

2. 知识能力同步教学

语文教学过程是一个传授知识、培养能力的教学过程。语文教学方法既是知识传授法，也是能力训练法。传统的教学理论注重知识的传授而忽视能力的培养；现代教学论的某些新观点片面强调能力的培养，有意无意地否定了知识的功能，走向另一个极端。我们需要用基本事实的知识来发展和增强每个学习者的思考力，"而正确的知识必须和技能，即运用知识的技巧结合起来"②。语文教学方法必须有利于知识和能力两种教学的同步进行。近年国外出现"第三程度"的理论，即学生掌握知识和运用知识，按深度分为三种程度：第一程度是掌握信息，第二程度是具有运用知识的技能技巧，第三程度是善于创造性活动。像发现法、问题教学法、范例教学法、暗示教学法等新的教学方法便是以实现第三程度为目的。我国语文教学方法的改革，应当瞄准国际教育科学理论的新水平。一个学生只有掌握了牢固的知识，具备了较强的能力，才有可能进行创造性活动。

3. 认知个性和谐发展

认知指学生的认识能力，也就是智力；个性指学生的个性心理，即非智力心理因素。智力和非智力因素的和谐发展，实际上就是人的全面发展教育思想的体现，已经逐步成为教育理论工作者和实践工作者的共识。苏霍姆林斯基提出："作为全面发展的理想的个性是和谐的，没有和谐的教育工作就不可能达到和谐的发展。"③赞科夫则认为：

---

① 韦志成.语文教育原理 [M].武汉：武汉出版社，1989.
② 张焕庭.西方资产阶级教育论著选 [M].北京：人民教育出版社，1979.
③ Ｂ.Ａ.苏霍姆林斯基.给教师的建议：上 [M].杜殿坤，译.北京：教育科学出版社，1980.

"这里所说的达到更高的发展水平，不仅指智力发展，而且指一般发展。所谓一般发展，就是不仅发展学生的智力，而且发展情感、意志品质、性格和集体主义思想。"① 对于语文学习来说，观察、记忆、联想、思维、想象等智力因素，是学生学习的操作系统；而动机、兴趣、习惯、情感、意志等非智力因素，则是学生学习的动力系统。两者和谐发展，才能全面促进学生的语文学习。今天的中小学生，特别是独生子女，处于科学技术高度发达的信息社会，智力开发一般是不成问题的，关键在于非智力因素的培养。因此，未来的语文教学方法既要有利于开发学生的智力，又要有利于培养学生的非智力因素，而且要把两者有机地统一起来，促进学生认知水平和个性心理的和谐发展。

（二）语文教学方法的发展途径

叶圣陶先生指出要把学生教好，必须有好的教学方法。好的教学方法从哪儿来？来源无非两个："一是向别人学，一是自己通过实践，摸索得来。"② 学习和摸索，可以求得语文教学方法的发展。

1. 批判继承，推陈出新

语文教学方法具有继承性和创造性，这是语文教学方法的基本特征之一。今天的教学方法大多是从古人或前人手中继承过来的。不用说讲授、诵读、议论等常规教学方法的基本做法承继了自孔夫子到叶圣陶两千余年教学方法的衣钵，就是创新或引进的新教法，追根溯源，从中也可窥见沿袭的影子。比如，比较教学法是现代著名幼儿教育家陈鹤琴先生提出并在幼儿园教学中起过重要作用的方法。

这种批判继承、扬弃的过程，便是推陈出新，便是创造，便是发展。对于过去的教学方法，凡是合理的成分，比如启发式的，结合教学实际的，有利于传授知识、培养能力、开发智力、陶冶情操的做法，予以肯定和吸收；凡是不合理的成分，比如注入式的，脱离教学实际的，不利于传授知识、培养能力、开发智力、陶冶情操的做法，则予以否定和剔除。任何全盘否定和全盘肯定的态度都是不科学的。语文教学方法要发展，就要充分发掘我国教学方法的历史积淀，正确地扬弃，注入时代的生机和活力，创造出更新的更有成效的教学方法。

2. 引进借鉴，为我所用

"他山之石，可以攻玉。"引进、移植，改造外国的、外地的、他人的教学方法，是发展语文教学方法的"源头活水"。情境教学法，本来是外国的一种外语教学方法，是 19 世纪下半叶始于西欧的外语教学改革运动的产物，由直接法演变为听说法、视听法、功能法以至情境法等现代外语教学方法；把它移植过来，加以改造，用于语文的母语教学，便是一种崭新的教学法。范例教学法，原是德国教育家瓦·根舍因首创，它注意从教学大纲和学生日常生活中选择"范例"，以便使教学内容更加典型化，让学生从"范例"的"个别"到"类"掌握知识结构，从而提高教学效率。借鉴它的基本

① 赞科夫 . 教学论与生活 [M]. 俞翊辉，杜殿坤，译 . 北京：教育科学出版社，1984.
② 叶圣陶 . 叶圣陶语文教育论集 [M]. 北京：教育科学出版社，1980.

思想，赋予我国语文教学的新内容和新特点，既可创造"读写结合法"，又可设计"得得教学法"。今后我们更需要这样做。"科学无国界"，在改革开放的时代，在新技术革命频频挑战的未来，国家与国家、民族与民族之间各种思潮的相互融合是不可避免的。域外教学方法的引进也将是源源不断的。如何结合我国语文教学的特点，结合本地本人的实际，进行科学的选择、合理的借鉴，拿来为我所用，是未来语文教学的一大课题。

3. 优化组合，扬长避短

具有多样性和综合性，是语文教学方法的又一基本特征。语文教学方法的这一基本特征，也为它自身的发展开拓了无限广阔的天地。优化组合，是语文教学方法发展的重要途径。这种优化组合，也就是语文教师的创造。如果说继承传统和借鉴外国是"向别人学"，那么这种优化组合便是"自己通过实践，摸索得来"，"二者都重要，但是有主次之分，自己摸索得来比向别人学更重要，就中学和小学的语文课来说，尤其如此"。①

优化组合的诀窍在于扬长避短，发挥个人教学的优势。比如，同样一篇朱自清的《春》，不同的教师可以有不同的教法：

可以"导之以情，以读带讲"，像于漪老师那种"情感派"的教师执教，首先设计一个充满激情的导语，将学生引入"绿满天下"的动人境界，然后边读边讲，步步深入，使学生的情感融入融融春意，潜移默化地受到课文内容的感染熏陶。

可以"朗读领先，带动全篇"，善于普通话朗诵的教师，从朗读入手，通过朗读的指导和反复的朗读，使学生领会文章的思想内容和写作特色。

可以"范文引路，指导观察"，善于观察指导和写作训练的教师，则以课文为范例，通过课文分析和观察指导，培养学生观察能力和表达能力。

可以"一课一得，以读促写"，紧扣景物描写这个重点，让学生领会按照顺序写景和抓住景物特点的写作方法，并付诸作文实践。

"教亦多术矣，运用在乎人，孰善孰寡效，贵能验诸身。"② 任何具体的语文教学方法都不是"万应灵丹"，都必须接受实践的检验而决定弃取。

① 叶圣陶.叶圣陶语文教育论集 [M].北京：教育科学出版社，1980.
② 叶圣陶.叶圣陶语文教育论集 [M].北京：教育科学出版社，1980.

第四章　大学语文课程

第一节　语文课程的内涵

一、课程的内涵

"课程"一词最早出自唐代孔颖达的《五经正义》，他为《诗经·小雅》中的"奕奕寝庙，君子作之"做疏说："教护课程，必君子监之，乃得依法制。"从我国古籍记载看，"课程"一词的含义既包括教学科目，又包括这些科目的教学顺序和时间。对课程含义的这种界定影响深远，直到现在，在人们的日常理解和一些教育学教科书中也认为课程即学科。

在英语国家，"课程"一词对应的英文是"curriculum"，它的词根源自拉丁语的动词"currere"，意为"奔走，跑步"，其名词意为"跑道"（racecourse），隐喻"一段教育过程"。最早采用英文课程一词的英国教育家斯宾塞所指的课程也是教学科目，跟我国古代"课程"的含义相近。1918年，美国学者博比特在《课程》中认为：课程不仅包括学科教学内容，还有对教学内容的安排、进程、时限等；课程不限于学科知识体系，还包括情感、意志、技能等体系。课程是以一定的教育目的为指导的涉及学生学习的广泛的活动。[1]

课程在教育活动中是处于基础和核心地位的，课程问题是学校教育带有全局性、根本性的问题，但由于教育观念的分歧，人们对课程内涵的界定众说纷纭。据美国学者IA.C鲁尔统计，课程这个术语至少有119种定义。施良方将课程定义归纳为典型的六种：一是课程即教学科目，二是课程即有计划的教学活动，三是课程即预期的学习结果，四是课程即学习经验，五是课程即文化再生产，六是课程即社会改造的过程。丛立新将对课程本质属性的认识概括为三种：课程是知识，课程是经验，课程是活动。现在，我国对课程比较一致的看法是，"学校的课程是旨在根据教育目的指导学生的学习活动，由学校有计划、有组织地编制的教育内容。它由观念、知识和能力结构与之相应的学生的活动所组成。课程的实质是从一种文明积累起来的文化发展中抽绎出来的，是在对持续变化的社会需要深入了解的基础上对社会文化的不断提炼、改造和序列化。学校教育活动就是要以课程为轴心而展开，才能实现培养目标"[2]。

---

① 约翰·富兰克林·博比特. 课程 [M]. 刘幸，译. 北京：教育科学出版社，2017.

② 范立元. 面对二十一世纪课程改革的新思考 [J]. 外国中小学教育，1994（2）：19-22.

　　课程是学校教育中一个关于教育内容及其组织形式的概念。"课程理论研究的是为学校教育提供哪些最有价值的教学内容和怎样有效地组织这些内容，以使受教育者形成合理的素质结构。"课程论不仅以教育内容即"教什么"的问题为研究核心，同时还涉及教育目标的设定以及教育活动的设计和安排，即"为什么教"和"怎样教"的问题。在课程论中，社会、文化、学生之间的关系，是核心的原理问题。传承文化精华，促进学生发展，体现社会价值，是课程论最基本的价值主张。

　　课程包括内容、目标、形态、功能、结构这五个要素，或者说课程是从这五个维度构成一个多面体的运动形态。课程在内容上呈现为一种"教育性经验"，包括作为人类基本的文化成果的科学知识（间接经验）和学生在各种课内外学习中获得的亲身体验（直接经验）。在组织形态上，既表现为静态的书面计划（包括课程计划、课程标准、教科书等），又表现为动态的生成过程（教师对课程的个性化理解，重新建立课程的微观结构）。在目标上，既重视预设的、期待的、理想的水准，也关注真实、实际的教育影响。在结构类型上，以学科课程为主，但须加强学科课程的综合。同时提高活动课程和选修课程的地位。更为重要的是，要让教师与学生参与课程建构，使制度层面的"计划课程"成为一种真实的、鲜活的、富有生命力的动态生成的课程。

二、语文课程与语文学科的关系

　　"学科"的构成必须满足两个条件：一是某一门或几门科学的基础知识体系，这是它的内容要素。二是适合学校教学的组织结构，这是它的组织要素。也就是说，把某一门或几门科学的知识体系纳入学校教学的范围就形成了学科。学科指"一定单位的教学内容"。课程的范围显然大于学科。学科偏重于指某一门科学的基础知识体系，而科学的基础知识体系只是课程内容的一个重要方面而不是课程的全部。课程包含学科，此外还包括学校安排的各种课内外教育教学活动以及有意创造的各种教育因素。课程不仅包括各门学科的知识体系，还包括能力、态度、情感等教育目标体系。课程也不只是教学内容本身，还有对教学内容的安排以及实现进程等规定。

　　同样，"语文课程"与"语文学科"也是不能等同的，"语文课程"的内涵显然比"语文学科"的内涵丰富。"语文课程"不仅包括"语文学科课程"，还包括"语文活动""语文综合性学习"等课程类型。语文课程也不只局限于以语文教科书为对象的课堂教学内容，还涉及其他可利用的语文教育资源。语文课程目标也不只是语文知识、语文技能等语文学科工具性的教学目标，还有语文习惯、语文态度、语文情感等人文教育性目标。语文课程不仅包括教学目标、教学内容，还包括通过理解教学内容实现教学目标的教学过程。

　　语文课程包括语文教学目标的设定、语文教学内容的选择、语文教学方式的组织三个层面。它既表现为一种静态的书面文件，如语文课程标准、语文教科书、语文教学指导书等物质性的文字资料，也表现为教师在教学时对课程内容的进一步理解与创造性的建构，更表现为学生在语文学习活动中所获得的独特的个性化语文体认与经验。所以，语文课程既是一种静态的语文学习材料与教学目标体系，带有预先计划性，又是一个教师理解、学生体验，二者互动的意义不断生成的过程，它具有鲜明的建构性、实践性和发展性。

三、语文课程的类型

从不同的角度观察语文课，可把它分为显性课程与隐性课程、学科课程和活动课程、分科课程与综合课程、必修课与选修课等。这里笔者从纵横两方面认识语文课程的丰富性。

从横向上看，语文课程包括语文学科课程、语文活动课程、语文综合探究课程三种类型。

语文学科课程以间接语文经验（语文教科书为其载体）为课程内容，以课堂教学为主要实施形式，具有传授语文知识、发展语文能力、培养人文意识和人文精神的课程功能，是语文课程的主要形态。

语文活动课程以学生的语文实践活动为课程内容（如办刊、演出、辩论等），以学生获得直接的语文经验，提高学生的语文实践能力为课程目标，是语文课程的重要组成部分。值得注意的是，语文活动课程不只是语文学科课程的课外翻版（诸如语文知识竞赛、命题作文竞赛之类），也不只是语文课堂教学的简单的课外延伸，它应该有其自身的独立价值。

语文综合探究课程是指学生在教师指导下从自然现象、社会现象和自我生活中选择与确定有关语文或与语文有关的研究专题，采用科学探究的形式，在研究过程中主动参与获取知识、运用知识、解决问题的学习活动。这种课程具有综合性的特点，有利于学生建立各种知识的横向联系，在知识的整合中提高解决问题的能力，同时也具有培养学生科学精神、创新能力的课程功能。这是语文课程中的一种特殊形态。

语文学科课程体现着语文课程的个性，而语文活动课程与语文综合探究课程是基础教育课程的共性在语文课程中的体现。

语文课程的纵向形态包括：国家计划的语文课程、教师理解的语文课程、课堂建构的语文课程、学生经验的语文课程。

国家计划的语文课程。国家计划的语文课程即国家统一规定的以"语文课程标准""语文教科书"等书面计划和材料为载体的语文课程。它体现了国家对语文课程的统一要求，是语文课程的整体框架，是语文教学开展的基本指南。

教师理解的语文课程。教师理解的语文课程指语文教师根据"课标"对语文课程的个性化理解和处理。它一方面要受到"国家计划语文课程"的制约，但更多的是考虑在预想的教学情境中学生的语文学习的需要，并依据这些写出教学计划（学期计划、单元计划、课题），制订教学方案，最具体、最典型的就是"说课"的形态。

课堂建构的语文课程。课堂建构的语文课程是将教师理解的语文课程置于课堂教学的真实情境中，由教师向学生传递，学生向教师反馈，双向互动、不断修改补充，实现教师理解的语文课程向学生经验的语文课程的转换，使教师的语文理解与学生的语文经验实现重合，这种动态生成的语文课程就叫课堂建构的语文课程。这种语文课程具有可观察性、可评价性，是一种现实的语文课程。它以教师理解的语文课程为基础，但已不完全是教师原来的理解，它有删有增，往往随机而成。

学生经验的语文课程。学生经验的语文课程即不同的学生个体在语文课堂教学和其他语文活动中获得的对语文的独特体验。它既表现为学生语文学习的过程，又表现为学生语文学习的结果。这种课程要求每一个学生都参与到课程实施中来，成为学习的主动者，成为课程的实践者，使学生在参与实践的自主活动中，获得对知识的个体性建构和经验的改造与重组。这种课程形态具有个体化的特征。

语文课程既以横向的三个层面构成一个整体，又以纵向的四个层次显示它的动态生成。

第二节　大学语文课程观念的嬗变

为了看清楚大学语文课程建设的道路，我们有必要先回顾一下对它定位的历史，看看前人是怎么认识的，希望能够从中获得借鉴和启示。

我国古代的教育把文、史、哲融合在一起，并没有独立的语文学科课程。最早设立国文科的是张焕纶 1878 年在上海创办的正蒙书院。《正蒙》为北宋张载所著，以批判佛教、道教，弘扬儒学为己任，书名即取纠正蒙昧之意，一说取从童蒙立志做圣人之意。正蒙学院课程设置有国文、时务、格致、数学、外语等学科。国文以"俗语译文言""讲解与记忆并重"为特色。1902 年，清政府颁布的《钦定学堂章程》规定学堂按年级设立"字课""读经""作文"等语文教育课程，但未能实施。1904 年的《奏定学堂章程》史称"癸卯学制"，规定初等小学设"读经讲经""中国文字"，高等小学和中学设"读经讲经""中国文学"科。

1920 年，陈启天发表了《中学的国文问题》，首次提出中学国文教学的主、副目的。主目的有："要能说普通言语""要能看现代应用文和略解粗浅美术文""要能做现代的应用文"；副目的有："要启发思想，锻炼心力""要了解和应付人生和自然"。主目的是对语言文字的理解、运用能力的培养；副目的是在强调实现主目的的同时，养成良好德行与趣味。[①] 主目的强调国文的工具性，副目的体现其教育性。这种观点代表了 20 世纪二三十年代对语文教育目的的共同认识。1924 年，黎锦熙在其教学法专著《新著国语教学法》中，提出国语教学的四大目的，即自动的研究与欣赏、社会上的应用、艺术上的建造以及个性与趣味的养成。[②] 前三个目的是关于语言形式方面的，在于培养学生读、写、听、说的能力；第四个目的是语文实质内容方面的，在于传授知识、发展智力、修养德行。1925 年，朱自清发表了《中等学校国文教学的几个问题》，反对专以本科知识与技能为主的教学，指出国文教学的目的包括两方面：一是养成读书思

---

① 陈启文 . 中学的国文问题 [J]. 少年中国，1920（12）：7-14.

② 黎锦熙 . 新著国语教学法 [M]. 上海商务印书馆，1924.

想和表现的习惯或能力；二是发展思想、涵育情感。这个时期的语文课程教学就是这种以语言知识规律的学习为主、其他目标为辅的形式，既重视语文的工具性、又不忽视人文的涵养。①

从 1961 年起，中央总结"教育大革命"的教训，"提出并强调要加强各学科的基础知识教学和基本技能训练"（"双基"）。随后上海语文教育界把语文"双基"内容概括为"字、词、句、篇、语（语法）、修（修辞）、逻（逻辑）、文（文学）"八方面。由于目标明确、操作性强得到了广泛认同，被称为"八字宪法"。20 世纪 80 年代，提出发展学生的观察力、想象力等智育目标。1990 年教育部颁布的《全日制中学语文教学大纲》（修订本），总体而言，其价值取向是工具性的，把语文当成掌握知识、训练能力、培养政治思想的工具。

陈钟梁在 1987 年曾预言，"现代语文教学的发展趋势，很可能是科学主义思想与人文主义思想的结合指导改革开创一个新局面，以实现语文教学科学的艺术化与语文教学艺术的科学化"②。所谓科学主义与人文主义的融合，即在语文教育中既追求教学的科学理性，又重视语文的人文精神。科学理性表现为自我反思和批判的精神、怀疑的精神、科学的方法等；人文精神表现为对生命的关切和对个人独特价值的尊重、对自然和文化传统的关怀等。

大学语文学科的开设几乎是与中国现代教育的发展同步进行的。1898 年 7 月 3 日，京师大学堂开办，辛亥革命后改称北京大学。京师大学堂是中国近代史上第一所国立综合性大学，它既是全国最高学府，又是国家最高教育行政机关，统辖各省学堂。京师大学堂课程设置分普通学科和专门学科两类。普通学科为全体学生必修课，其中包括经学和文学。《钦定京师大学堂章程》将大学堂分为预备科、大学专门分科和大学院三级。预科开设的课程中就有"经学""诸子""词章"与"作文"等。大学专门分科设七科，包括文学。《奏定大学堂章程》在大学专门分科增设了经学科，分周易、尚书、毛诗、春秋左传、春秋三传、周礼、易礼、礼记、论语、孟子和理学。京师大学堂开设的经学和文学的内容与后来大学语文的内容基本一致，其依据是"文学为国民教育之根本"，用它实行国民教育。

1914 年，北京大学成立了教科书编委会，由沈尹默任国文教材的主编。此后国文一直作为北大预科的一门必修课。清华大学也于 1928 年把国文设定为所有大一学生的必修课。西南联大时期，国文也是全校必修课，包括"范文阅读"与"作文"两部分。教材包括文言文与语体文（现代白话文）两部分。罗庸在《国文教学与人格陶冶》中说："教育本来以培养学生自发的向上心为其目的，所以内心的陶冶是教育的基础，而行为的规范和政治的训练乃是外面的功夫。所谓'乐由中出，礼由外作'。""因为国文课本的内容，可以滋润青年们枯竭的心灵。所以在现制度下的学校中，对于学生心理的陶冶，国文教师实负有很大责任。""大一国文"课重在审美修养，重在培养学生的审美情操和能力，从而达到完善学生人格的目的。至 20 世纪 30 年代，全国的大学基本上都在

---

① 朱自清.中等学校国文教学的几个问题 [J].教育杂志，1925（7）：41-131.

② 陈钟梁.是人文主义，还是科学主义？——语文教学的哲学思考 [J].语文学习，1987（8）.

大学一年级开设国文课,教学内容多由教学者自选,写成讲义散发。无论是讲授文言文,还是白话文,着眼点多在"语言文字"上。

从全国的情形看,这一时期的各高等学府普遍重视语文通识教育,但对课程的定位却有不同认识,主要有三种代表性的观念:第一,强调思想熏陶,附带语文能力训练。代表人物是魏建功。他认为"大学国文内容方面也是中国学术思想,也是中国文学,而形式方面主要的是语文训练"。① 这是立足于语文高等教育与语文基础教育应具有不同功能的思考才提出的。第二,强调语文能力训练。代表人物是朱光潜。他认为"大学国文不是中国学术思想,也还不能算是中国文学,他主要地是一种语文训练""大学国文就应以训练阅读和写作两种能力为标准"。② 第三,强调语文能力训练与思想熏陶并重,但归宿应为语文能力训练。代表人物是郭绍虞和叶圣陶。郭绍虞认为"国文教学或重在思想之训练,或重在技巧之训练,原如车之双轮,鸟之双翼,不可偏废"③。叶圣陶认为大学国文课程要实现两个目的,即以语文能力训练为主,连带思想熏陶。④ 这三种不同意见发展成后来半个多世纪难以平息的争论,各种意见都有大量坚定的支持者。

大学语文是一门综合性和实践性很强的学科,其内容和形式都有丰富的意蕴,从不同的角度观察自然会得出不同的结论,如果再考虑到每个人的学术背景和所在的社会语境,人们很难对这门课程进行统一而又准确的定位。

1949 年后,从中学到大学,凡"国文"都改为"语文","大一国文"改为"大学语文"。一些综合性大学开设大学语文学科,采用郭绍虞、章靳以主编的教材。1952 年以后,我国教育体制进行了院系调整,成立许多单科性的院校。大学语文不仅在理、工、农、医、法、商等单科院校里不再开设,连在保存下来的多数文理合校的院系里也被取消。

1976 年以后,复旦大学校长苏步青等老一辈科学家、教育家提出要给理工科学生补语文课,呼吁重新开设大学语文课。1978 年秋,南京大学校长匡亚明有感于"现在的很多大学生,语文水平较低"而开设大学语文课,大学语文课定位为给大学生补习语文课。此后,许多大学都相继恢复开设了大学语文,但当时"大学语文"的基本性质还是"工具"课,目的在于提高理工科学生语言文字的阅读、理解、表达能力,为学好专业课服务。

1980 年 10 月,在上海召开的大学语文教学讨论会讨论了大学语文的教学目的和教学要求,制定了教学大纲,拟定了教材篇目,成立了以徐中玉为主编的教材编审委员会,成立"大学语文教学研究会"。1981 年,由徐中玉、钱谷融主编的《大学语文》出版,这门课再度成为许多高校的公共必修课。国家实行高等教育自学考试制度后,这一学科也被列为各类自学考试必考的公共课之一。有人认为,真正意义上的语文高等教育是从这个时候开始的。

① 魏建功.魏建功文集 4[M].南京:江苏教育出版社,2001.
② 朱光潜.谈文学 [M].上海:东方出版中心有限公司,2021.
③ 郭绍虞.近代文编 [M].沈阳:辽宁人民出版社,2012.
④ 叶圣陶.叶圣陶语文教育论集 [M].北京:教育科学出版社,1980.

这个时期对大学语文课程的定位依然不能统一，存在三种有代表性的意见：一是强调其工具性，认为这门课应以培养应用写作能力为重点。二是强调其审美性，认为应以提高文学素养、审美修养为重点。三是强调其人文性，认为应以传承民族文化、提高人文素质为重点。

徐中玉主编的 1981 年版《大学语文》①侧重于对学生进行审美熏陶，语文训练被放到了隐性层面；1996 年版《大学语文》明确地阐述了自己的语文教育观念，认为大学语文课程所讲授的作品，"总求能体现高尚的理想、人格和积极上进的精神，深刻反映历史与现实社会生活中为人们所密切关注的问题，表现真挚的思想感情、智慧理性、审美价值，并且具有民族特色和文学家的创作个性"。而开设大学语文课程的目的，则是要用这些内容"导引和潜移默化地感染青年学生"。大学语文课程应该发挥"增强人文精神的培育""看到人和人格的力量""有助于突破思维定式"等重要作用。"同时，自然也要进一步提高他们对本国语文较高水准的理解与表达能力。"②徐中玉确立的这种语文教育观念很快被中国高校广泛接受，至今仍然有着深远影响。

2007 年教育部高教司转发的《高等学校大学语文教学改革研讨会纪要》也提出："在高等教育的课程体系中，大学语文应当成为普通高等院校面向全体学生开设的公共必修课。"此后教育部、国家语委、高校中文学科教学指导委员会等相关主管部门多次就加强语文教育的政策、措施、思路以及大学语文的课程定位、教材建设、师资培训等问题提出意见。大学语文作为文化素质教育的一门重要学科，肩负着提高青年学生的文化素质，传承中国文化的重任。语文教育的意义被提升到建设中华民族的共同精神家园、加强民族凝聚力、提高国家文化软实力的高度。在这种背景下，全国大多数高等学校都开设了大学语文课，大学语文教育成为社会关注的热点问题。

然而，此时全国的大学语文教育却受到严峻挑战，遭遇到前所未有的种种尴尬局面：在许多高校，大学语文正在被或已经被各种新兴的热门课程所取代，大学语文逐渐被边缘化，而大学语文在教学中表现出的种种弊端又严重影响到这门课，使其不能发挥应有的作用。为了改变大学语文的尴尬状况，一些学者提议将大学语文课开为大学人文课，还有一些学者提倡以大学文学取代大学语文。凡此种种，都涉及对大学语文课重新定位的问题。各家各派的教材编辑者，给出了"大学语文"课程的不同定位，都在探索大学语文的出路。

多数意见是把大学语文定位为人文素质教育课程，突出大学语文的人文性，教学目标定位在提高学生人文精神和人格上。而有的为大学语文寻找的出路竟然是取消大学语文——"大学没有必要学语文"。能够全面认识大学语文课程功能的意见很少，导致偏执和浅陋四处招摇。

回顾大学语文课程开设的历史，我们不难发现一个基本的事实，人们对这门课程的定位一直摇摆不定。这种状况必然导致教学目标不明、教学方法不当，不但影响教学的效果，也使教师关于这门课程的学术研究难以深入，这不能不促使我们认真审视

---

① 徐中玉 . 大学语文 [M]. 上海：华东师范大学出版社，1981.

② 徐中玉 . 大学语文 [M]. 上海：华东师范大学出版社，1981.

该课的现状，于是有人提出"回归语文本位"教育观念。20世纪以来哲学的"语言学转向"也促使人们对大学语文课程进一步加深认识。语言不仅仅是表达思想的手段，语言构成了人的思想，人的语言就是思想本身。所以，"高等学校的语文教育，就承担着经由有效的教育教学活动从根本上培育学生自觉的语文观念和母语意识的历史使命""大学语文课，应当着眼于帮助学生在新的高度上形成语文意识，深化学生对语文基本要素及其内在联系的自觉把握"。

课程定位是课程建设中最为基础、最为重要的问题，这门课程究竟是一门什么样的课，它能对学生具体起到什么样的作用，直接关系到这门课的课程设置、教学内容、人才培养目标以及教学方法等实质问题。

第三节　大学语文课程定位的坐标

一、大学语文的学科归属

在国家制定的科学研究体系中，教育学是一级学科，课程与教学论属于教育学的二级学科。按照这个划分，大学语文教育应该属于课程与教学论下面的三级学科。

大学语文课程是一门综合性应用理论课程，它运用教育学、社会学、人类学、语言学、文学、文章学、心理学、哲学、美学和人才学等原理分析大学语文教学现象，旨在揭示大学语文教育的本质、特点和规律，指导大学语文教学实践。我们从语文学科归属来讨论大学语文的定位。

为了辨明这个问题，笔者认为首先要找到思辨的逻辑起点——应该从教育的对象"人"说起。

"人"是人文社会科学研究及其理论建构的基础，而作为基础的人是极为复杂的。从文化的意义上来看，人除了具有符号性、开放性和未完成性之外，在本质上，人性的结构具有显著、深刻的二重化特征。人是物质的又是精神的，人以肉身的形式存在又有灵魂的追求。人是个体的又是社会的，人的独立的自身存在与自我意识决定行动，但同时人又是一切社会关系的总和，他的意识和行动无不受到各种社会关系的制约。人是自然生物的又是历史文化的，人的自然生物性是肥沃的土地，而历史文化则是饱满的种子。人的成长过程就是人的自然生物性的各种潜质被历史文化激发和赋予的过程。人是实然之人又是应然之人，他既是现实的经验的存在，又是理想的超验的存在。正如马克思所说："人双重地存在着，主观上作为他自身存在，客观上又存在于自己生存的这些自然无机条件之中。"①人的二重化的存在揭示了人性结构的立体性和复杂性。特别应该注意的是，"人的二重化"显示了人性结构内部的紧张关系，但是，这绝不是人性构成要素的对立和断裂，而是意味着人性各要素之间存在着许多巨大的场域，也可以说是一个网络。这种场域不等同于一般的领域，因为在其中有内含力量的、有生

---

① 马克思.哲学的贫困[M].北京：人民出版社，1949.

气的、有潜力的存在。它的意义在于揭示了人的心理需求及其动力来源。这种动力作用驱使一个人克服排斥力，沿着吸引力方向，朝着心理目标前进。

教育面对的是人，教育的世界是人的世界，因此，任何教育理论都必须建立在这种对人性全面观察的基础上。对人的认识的片面化必然导致教育观念的偏执和肤浅。不幸的是，我们经常可以看到，不仅在这个时代中的人患上了一种"时代的精神分裂症"——"在'完整的人的生活'的范围内只把某一个别环节绝对化，这属于我们时代的精神分裂症"，而且由此导致了教育的"精神分裂"，或者只知道单纯传授知识、训练能力，或者一味地造就人格。表现在语文教育上，或者极端的工具论，或者空泛的人文性；或者人兽不分的机械地训练，或者高僧面壁式的感悟。失去了一半的人性观察导致失掉了另一半的教育，而这种失掉了另一半的教育，培养的与其说是失掉了一半人，不如说不是真正意义上自由自觉活动的人。这些都不是真正意义上的教育。

真正的教育要克服"人"的静态概念的缺陷。"要按照受教育者的各种给定情况，向受教育者传授已拥有的文化知识，使他们具有时代的历史的规定性。从这一方面的意义上说，通过教育培养的人是给定的、规定的。他以拥有某种知识、能力、道德品质、行为规范的现实的实然方式而存在。但是，教育究竟不同于灌香肠，不是只需朝里面灌满各种现实规定性即可了事。教育的本质属性更主要应当表现为：它要使受教育者能够在已有的各种现实规定中奋起，去追求新的自我、新的世界；使得一切文化、知识、道德规范等等的接纳，在他们身上得以产生生成性的变化，转化为创造的潜力；使得受教育者能以一种批判的向度去面对、掌握、审视现实生活，现实世界……孕育出人的发展的无限生机。"

作为人文学科的大学语文教育，是表面现象与实在、命运与自由意志等概念并用的感情性和目的性的语言表达。它要求认识主体具备把握世界意义的主观感悟能力，而这种能力的形成与个体的生活经历、生命体验密切相关。它的目的在于通过对人类文化与社会本质、发展规律的研究，丰富人类精神世界，提升生活质量，指导改造社会的实践活动。它不仅注重发展学生的语言表达能力，而且注重探讨与人类生存、发展、幸福有关的价值与意义。

从上述理解，我们感觉到大学语文具有二重性，从人的物质生存需要来看，它是一门工具课程；从人的精神发展来看，它又是一门人文课程，二者在语言和人性这两个支点上融合起来并获得圆满、充实的生命。

二、大学语文与大学生的成长

大学从中世纪诞生之时起，就设有"四院"：文学院、神学院、法学院和医学院，并且文学院居于首位。到了19世纪初建立的柏林大学，文学院即为哲学院，且"赋予哲学院以中心地位"。直到现在，世界顶尖大学不仅有人文学院，并且它在大学中享有崇高的地位。这种地位不只是一个名义，不只有历史渊源，而且有深刻的现实意义。优秀的教育家们明白，人文教育不仅是人才培养的根本保障，也是发展科学所不可缺少的保障因素。人文科学及其相应的人文课程，不仅给人以做人的德行，而且给人以做学问的智性；不仅教人成为人，而且给人以智慧。人能"使自己的生命活动本身变成自己意志的和意识的对象"。教育是基于人本身的意义而产生的。如果能够认识到这一点，就不难明白作为人文科学的大学语文具有的特性和功能，所应当肩负起的神圣使命。

高等教育的目标永远是人性的完善、人的全面发展。维特根斯坦说："想象一种语言，就是想象一种生活方式。"① 我们活在世上，其实就是活在语言之内，若超出语言之外，任何一种生存都无法想象。语言不仅是表达思想的手段，更构成了人的思想，人的语言就是思想本身。语文不是任取任弃、即用即丢的工具，语文不是独立于人的生命的外在的东西，而是与人的生命融为一体，是人生命的组成部分。学习语文就是探究生命的意义。人创造了语言，同时又被语言所塑造，人类的一切无不表现于语言；人在语言中感受生命的实存性和具体性。人在语言中如鱼得水，走进语言就像走进了自己的家，而失去语言也就如同失去了家。蔡元培先生在 1930 年答《时代画报》记者问时说："读了一首诗、一篇文章以后，常会有一种说不出的感觉，四周的空气变得更温柔，眼前的对象会变得更甜蜜，似乎觉到自身在这个世界上有一种伟大的使命。这种使命不仅仅是使人人要有饭吃，有衣裳穿，有房子住，它同时还要使人人能在保持生存以外，还能去享受人生。知道了享受人生的乐趣，同时更知道了人生的可爱，人与人的感情便不期然而然地更加浓厚起来。"② 这就是语言的属人的本质，也是语文教育于人之素质养成的根本意义。西方古代"自由七艺"的前三项文法、修辞、逻辑都是语文的内容；在中国古代，语文教育和语文学习更是士人学子一生的事业。无论东方还是西方，从古至今，都深悟语言育人之道。

大学语文作为主要的母语教育还具有特殊的作用。一是培育大学生的民族精神，二是促进大学生思维能力的成熟。

洪堡特说："民族的语言即民族的精神，民族的精神即民族的语言。二者的同一程度超过人们的任何想象"，"语言的所有最为纤细的根茎生长在民族精神力量之中"，"语言与人类的精神发展深深地交织在一起，它伴随着人类精神走过每一个发展阶段——局部的前进或者后退。从语言中可以辨识出每一种文化状态"。③ 一个民族的所有文化信息都积蓄封存在本民族的语言之中，熟练掌握母语才能成为具有民族文化素养的人；深刻感受民族语言的生命，才能产生民族文化的心理认同，进而传承民族文化的精神。

一个人是否有智慧主要体现在思维上，而思维是指从运用语言来表达观念到形成新的构成的过程。一个人的母语水平直接影响他的思维品格和思维速度。创新思维更要有高水平的母语载体。思维敏捷、出口成章、口若悬河、伶牙俐齿是以母语水准为后盾的。一个人的口才，其组成因素中母语占很大的比重，口头表达能力往往是母语水平最好的证明。"如果你只是要成为一般法律工作者，语文学好学坏关系不大。如果

① 维特根斯坦. 哲学研究 [M]. 楼巍，译. 上海：上海人民出版社，2019.

② 蔡元培. 蔡元培全集：第 6 卷 1927—1930[M]. 杭州：浙江教育出版社，1997.

③ 威廉·冯·洪堡特. 论人类语言结构的差异及其对人类精神发展的影响 [M]. 钱敏汝，译. 西安：陕西人民出版社，2006.

你要成为大律师、大法官，则必须语文第一，法律第二。同样的法律条文，你知我也知。但当场的反应敏捷、雄辩滔滔，靠语文不靠法律。对适用法律的透彻解读也是靠语文，对材料的组织、条分缕析，也主要靠语文。"①至于新闻、外贸、外交，均如此，以致苏步青认为语文是上大学最重要的基础课程。诗词是多用形象思维的，对理工科学生培养逻辑思维也是极好的补充。

知识的学习、运用和生产，依赖于人的创造力。创造力来源于发达的思考力和坚定的个性。世界各国母语教学都把培养学生的思考力和个性作为重要的目标。丰富的言语形态是人们日益扩大的认知活动的产物，同时，在学习运用这些言语形态的过程中，人的智能也能得到有效的开发。听说读写的过程，收集和运用材料的过程，发现问题和解决问题的过程，无一不是复杂的积极思维活动。言语的过程就是运用和增强思考力的过程；发展言语的能力，即提高言语的质量，也就是发展和培育学生的个性的过程。除了言语，人们实在是没有第二条更好的途径。这就要求语言的形式和内容贴近学生的生活，密切联系生存的实际状况，加强多种学科的交叉融合。

柏格森认为，人类意识之所以能挣脱无意识，获得自由，在于人有聪明绝顶的大脑，有语言和社会生活。人脑使人类建立起无数运动机构，不断让新习惯代替旧习惯，并通过无意识本身的分裂来控制人的身体，获得运动所需的平衡。语言使意识具体表现出来，从而把意识从完全依存于物质的状态中解放出来，否则物质的洪流将拖住意识，直至最终将其吞没。而社会生活则像语言储存思想一样，储备和保存了前进的力量，从而实现了个人能够达到的平均水平，并通过这种首创精神避免普通人沉沦，使杰出人物更上一层楼。正是语言、人脑和社会生活为意识揭示可能性，为人的自由选择提供了可能。柏格森深刻地揭示了人的意识获得自由的根源。

三、语文教育内容和方法的层级性

人生的每个阶段都有不同的人生任务。语言生活是人类最为重要的社会生活之一，跟人的物质生活和精神生活密切相关。这就是说，人生的每个阶段有每个阶段的语言生活，作为发展人的语言能力的语文教育，在人生的不同阶段应该有不同的任务和不同的方法。从语文学科内部发展规律来看，也并不是总在一个平面上漫步的，而是一步一个台阶地上升。一个人学习语文的目的、内容和方式在他生命的不同阶段是一直在变化、在提升的。因此，"人生每阶段的语言教育应考虑三方面的问题：第一，此阶段人的心智水平能够接受什么样的语言教育。第二，前段已经完成了哪些语言教育。第三，哪些教育是为后面的人生阶段教育做准备的，哪些教育是作用终生的"。

"大学阶段是高级语言能力的培养阶段，起码需要考虑如下几点：第一，能够运用口语和书面语自如交际，且具有一定的文学鉴赏能力。第二，外语能力有较大提高，甚至开始学习第二外语。第三，具有一定的语言科学素养，树立科学的语言观，对语言生活现象能够合理看待。第四，较为熟练地使用现代语言技术。第五，能够借助语

---

① 威廉·冯·洪堡特.论人类语言结构的差异及其对人类精神发展的影响[M].钱敏汝，译.西安：陕西人民出版社，2006.

言学促进专业学习,具有解决本专业语言问题的意识和初步能力。例如:法学、医学专业的学生,应有一定的应用语言学素养;哲学专业学生,应有一定的语用学、语言哲学、语言逻辑学的素养;计算语言学、发展心理学等专业的学生,应有一定的语言结构分析能力;理工科学生应有一定的术语学素养等等。"①这里提出的大学阶段的"高级语言能力"除了外语能力,还包括这些方面:在言语水平上能够"自如交际",在观念上"树立科学的语言观",在语言工具上能熟练地使用现代语言技术,在功用上能促进专业发展。这些方面的内容应该是大学语文应当承担起来的任务。

汉语教学从初级发展到高级发展的一个显著特征是实现从以语言为主到以内容为主的课程转变。中学语文教育的内容重在认识人生,大学语文教育的内容则是理解世界。大学语文的学术方向是研究人本身或与个体的精神直接相关的文化世界的学问,它包括文学、哲学、史学、艺术、语言学、心理学、宗教学等相关的学科知识,主体是文、史、哲、艺等文学、文化名著的研读,它是一种评价性、体验性的学问。它还包括学生所学专业的学科知识,如商务、法律、美术等专业知识。大学语文的内容不仅要精神化,还要专业化。与中学语文相比,教学内容更侧重于综合性和人文性,更重视学生的学术视野拓展和人文精神提升。

大学语文教育的主要目标应该是通过对人类思想、文化、价值和精神表现的探究,进一步拓展学生的人文视野和学术视野,更加注重知识的探究过程和探究方法的获得,培养创造性学习研究和思考的能力,获得熟练的语文应用能力,能够运用高雅语言进行有效而又复杂的沟通,以培养适应当代社会需要而又全面发展的高质量人才。大学语文教育的终极目标是通过对关于人类生存意义和价值的体验与思考,为人类构建一个意义世界和精神家园,使心灵和生命有所归依。

大学语文的教学方法具有鲜明的学术性。徐中玉说:"大学语文与中学语文之不同,是在其研究性、深入性和创新性上。大学语文不是中学语文教育量的补充,之间有着本质的区别。"②汉语文教育最缺少的是培养学生对外在事物的独立评判能力,尤其是深刻、缜密、严谨的独立评判能力。大学语文不应让学生停留在做出对客观事物的描述、再现、复制的阶段,忽视作为独立主体对外在事物的个性、深刻、创新而又缜密的评判。应当重视对外部事物、现象等的主观印象和评价,在与各种人物、事物与物象的价值联系中建构自己的评价体系,在自主人格和自由思维的基础上养成独立评论能力。

总之,大学语文要有大学气象,要澡雪大学精神,洗练大学方法。蔡元培说:"大学者,研究高深学问者也。"③明德、亲民、至善,致知、格物、心正、修身、齐家、平天下。大学语文正是这样一门让人在精神上变得博大的学问。实现人格养成便是我们所思考的大学语文课程的宗旨和目的。以全人类文化的经典建构起一代青年的精神世界,如中国儒家的仁、智、礼、义、信的人格追求,"为万世开太平"的担当,孔子"知

---

① 李宇明.语言能力需要终身培育:序李君《大学语文教材研究(1978—2008)》[J].北华大学学报(社会科学版),2013(1):2,161.

② 徐中玉.大学语文[M].上海:华东师范大学出版社,1981.

③ 蔡元培.蔡元培全集:第6卷1927—1930[M].杭州:浙江教育出版社,1997.

其不可为而为之"的执着精神，孟子"舍我其谁"的勇于担当的英雄气概，道家的逍遥、无待、虚静，墨家的尚贤、尚同、节用、非攻，西方的自由、民主、平等、博爱等。人的自由是西方文化的核心价值，也是其文化特征，由此而生发出的尊重生命、尊重自然、尊重他人生存方式的种种行为规范，都是人类共同的精神财富。

四、外国大学母语教育的定位

世界各个国家的母语教育课程都被确定为核心课程。其基本理念有：一是面向全体学生，努力追求高质量的母语教育水平。二是把培养公民的国家观念、责任意识作为母语教育的重要指导思想。三是凸显学生个性，促使学生主动发展。四是在语文教育中，强调文学的情感熏陶与语文运用能力的培养双重发展。五是注重在语文教学中开展探究性学习。六是强调语言学习要与其他不同领域的知识相结合。七是重视母语教材的文化构成，力求教材内容贴近现实生活，注重现代科学技术的介绍和学科知识间的融合交叉，强调文理沟通和综合实践能力的培养。

综上所述，在学生的发展、社会的需要、学科的性质以及国外母语教育构成的多维坐标中，我们对大学语文课程的基本定位是：人类优秀文化特别是我国古典文化的精华是大学语文课程教育的基石，培养大学生的创造精神和创造能力是大学语文课程教育的灵魂，发展大学生人格修养和从业的语言技能是大学语文课程教育的价值取向，在体验和探究的过程中锻炼大学生熟练的语文能力是大学语文课程教育的展开方式。

第四节　大学语文课程的性质

一、对语文教育"两种追求"的反思

关于语文的教育目标，几十年来纷争不断，"思政中心论""语言工具论""语识中心论"和"语感中心论"此起彼伏。这些纷争在实质上反映了语文教育的两种不同追求：一是主张"工具论"的科学主义，二是主张艺术论的人文主义。科学主义追求教学目标的单一化、教学程序的系列化、教学方法的模式化以及教学评估的标准化；人文主义追求语文教学的社会化、人格化与个性化，认为课堂不仅是学生获得知识的场所，也是学生体验人生的地方。语文课应当是知、情、意的统一体，制定教学目标只能起到消极的束缚作用。

"两种追求"迥然不同地表现在：一方面，在大学语文教材的编写和课堂教学的实践中，普遍存在"泛人文"现象。离开学科特性，无视语文的功能，教材删去了表达能力的练习，内容全部成了文学史的知识和文学欣赏的知识，"语文没有语文的体系"。教学抛开文本，架空语言，忽视能力，鄙视训练，张扬个性人格，强化感情体验，陷入人文的过度阐释，造成语文的实用性降低，语文能力下滑，语文功能瘫痪。一味放纵学生进行"个性表达""独特感受""情感体验"，已经成了无本之木的非语文行为。

另一方面，"科学主义"依然盘踞在语文教育的角落，以为语文就是纯粹的工具，教材没有文化，语文常常被上成一堂知识传授课，心中只有这个法那个式，唯独没有"人"，没有情感，没有人文。他们习惯以科学主义的手段把优美的文学作品肢解得支离破碎，干着焚琴煮鹤的勾当。

我们今天可能很容易看出来，两种意见都只强调语文的一个方面而不是对语文的全面认识。许多学者逐渐认识到，语文是人们交流思想、学习、工作和生活最重要的交际工具，而且语文这个工具是负载文化的，这是语文区别于其他工具的本质特点。从教育发展规律和社会发展要求来看，语文教学必须改变非此即彼的状况，实现科学与人文的有机整合。语文教学既不属于单纯的科学主义，也不属于单纯的人文主义，而是二者的相关要素的和谐融合。我们必须树立并坚持一个完整的，既包括人文主义教育目标，又包括科学主义教育目标的教育目的观。完整的教育同时包括"学会做事"与"学会做人"两大部分。"学会做事"必须接受科学教育，养成科学精神；"学会做人"必须接受人文教育，养成人文精神。

大学语文教学一要体现其工具层面，进一步强化学生的听、说、读、写能力，特别要重视应用文写作能力的培养。二要体现其人文素养层面，学生通过对古今中外经典作品的阅读和鉴赏，深入领会作者的思想情感，从而受到情感的陶冶，培养健康美好的情怀，提高人生境界。三要体现其文化层面，大学语文承担着传播传统和现代优秀文化的任务，在教学中教师应该给学生梳理出比较清晰的知识体系，开阔学生的视野，使学生发现中国文化中所具有的人生智慧以及对今天的社会建设依然值得汲取的思想资源。正像洪堡特指出的："我们决不应该把语言看作与精神特性相隔绝的外在之物。人们在语言中可以更明确、生动地感觉和猜测到，遥远的过去仍与现在的感情相维系，因为语言深深地渗透着历代先人的经验感受，保留着先人的气息。"①

大学语文包含的内容门类繁多，如诗词歌赋和文章，文史文论和文学作品，史实史论和人物，哲学、政治、经济、军事、天文、地理和品德修养、治学方法，当然更少不了语言文字和文化精神。虽然以人文科学内容为主，但也不乏自然科学方面的内容；既以中国的为主也有些国外的东西；既重古典精华也不薄今日美文。大学语文的内容虽广泛但并非杂乱无章，它有三条主线贯穿其中：第一条主线是可以提高学习者的语文能力，以各种文本研读组织语文实践活动，在这个过程中发展学生阅读、写作和口语交际的能力。第二条线是能够丰富大学生的文化素养，通过对优秀文学作品的欣赏涵养大学生的文化精神。第三条线是培养锻炼学生掌握语文的方法，使学生能够熟练并且习惯于在言语中想象、探索和创造。用这三条线贯穿起来的内容广博的大学语文才是完整的和富有生命力的语文。这是由阅读教学、写作教学和口语交际教学构成的三位一体的课程结构。明确三条途径，避免陷入虚无融合的境地。

① 威廉·冯·洪堡特.论人类语言结构的差异及其对人类精神发展的影响[M].钱敏汝，译.西安：陕西人民出版社，2006.

二、大学语文课程的性质

人们对语文课程性质的提法比较重要的有：工具性、思想性、知识性、文学性、审美性、技能性、实践性、基础性、综合性、人文性、言语性、科学性、民族性等。人们谈及的各种性质并不是同一个平面上的。通过长时间的讨论，现在大家获得的比较一致的认识是：语文是最重要的交际工具，是人类文化的重要组成部分。语文课程性质的核心应该是工具性与人文性的统一。

现代社会要求公民具备良好的人文素养，具备创新精神、合作意识和开放的视野，具备包括阅读理解与表达交流在内的多方面的基本能力。它应该建立在传授语文知识基础之上，通过对学生语文能力的培养，潜移默化地对学生渗透人文精神的培育。如果人为地硬要割裂语文工具性和人文性的统一，那么，语文教材的编写和教学方法的采用都会滑向偏执、狭隘的泥潭，进而戕害语文的生命，最终导致学生的思维能力和语言表达能力滞后于自身生命的成长，桎梏了其未来文化使命的践行和社会角色的担当。语文课程的综合性特征，决定了它的性质不是单一的而是多重的。为了深入理解大学语文课程的性质，我们有必要讨论语文课程中的三个关键词：人文、工具、文化。

"人文"一词最早见于《易经》："文明以止，人文也。观乎天文，以察时变；观乎人文，以化成天下。"早在春秋时代就形成了文、史、哲浑然一体的学术传统，人文学科相对发达，以农业文明为基础的文化伦理特质明显，带有鲜明的民族特色，处于古代文化的核心地位。人文学科的英文词 humanities 源于拉丁文 humanists，意即人性、教养。原指与人类利益有关的学问，如对拉丁文、希腊文、古典文学的研究，后泛指对社会现象和文化艺术的研究。

"人文"不仅包括具体的文学、历史、哲学和艺术等各种知识门类，还外化为一种精神气质，其核心是对人的尊重和关怀，对人的生存状况和人类的命运具有终极价值的思考与探索，是对真、善、美等理想价值的追求。人文教育则是以通过人格教育、道德教育以促进人的身心发展为宗旨的教育。其目的是满足个人与社会需要的终极关怀，是求善，解决"应该做什么样的人"的问题。因此人文教育不仅是一个知识体系，还是一个价值体系、伦理体系，同人的精神世界相关。科学需要人文导向，求真需要求善导向，人文教育能给我们辨别是非的眼睛和评价真伪善恶的标准。

语文课程的"人文性"在很大程度上是就其文学、文化教育的课程内容而言的。它着眼于语文课程对学生思想熏陶感染的文化功能和课程所具有的人文学科特点。文学教育、文化熏陶不仅是历来语文教育的课程事实，也应是语文教育的价值取向，它是语文课程作为人文学科课程的本体功能。

语文课程在所有人文课程中具有较强的人文教育优势。人文教育任务在语文课程教学中体现为：传播汉语言文字所承载的民族文化，以及在教学中发挥民族文化的作用，养育学生的人文情感、健全的人格和完善的个性。包括追求语文教学的社会化、人格化与个性化，强调语文课堂不仅是学生获得知识和技能的场所，也是学生体验人生的地方，语文课程应实现知、情、意的统一。与其他课程相比，语文课程教学的内容决定其应承担较多的人文教育任务。如被选入语文教科书的是一篇篇文质兼美的文章，学生不仅要掌握其语言表达的艺术，还要领悟其中蕴含的人文美。语文能力不只是语言能力。要达到交流沟通的目的，单凭语言形式是不能解决问题的，语言形式负载的思想内容往往起着重要作用。

总之，语文课程的人文性通过文学教育、文化熏陶来关注学生的生命价值、文化素养和精神成长过程。人文性是语文课程最重要的属性。

语文课程的工具性是就其语言学科内容的特性而言的，它着眼的是语文课程培养学生语文运用能力的实用功能和课程的实践性特点。语文课程的工具性是指语文本身是表情达意、思维交际的工具，同时，语文可以传承文化，传达社会价值观，从而维系社会的正常运作。语文课程的工具性还表现为语文是学习其他课程的工具。张志公说："语文是个工具，进行思维和交流思想的工具，因而是学习文化知识和科学技术的工具，是进行各项工作的工具。"① 在这个意义上，语文学科是一种基础工具学科。

但是，一个具有完美"工具性"的事物，必须将"人文性"与"科学性"共同纳入体内并形之于外，才能充分展现其"工具性"，才会在事物链条或系统里具有存在的价值。语文的工具性和思想性是不能分割的。如果从表达的角度来看，这个问题的答案就更明确了。你用主、谓、宾表达什么？你能说一句没有意思的话吗？能写一篇没有思想感情的文章吗？如果能，那就是在制造废话。我们一个正常的人，在正常的社会里从事正常的工作，过正常的生活，我们所进行的任何语言活动总是跟我们的认识、我们的思想和感情交织在一起、不可分离的，它们实质上就是一回事，都是我们人的生命活动。张志公虽然主张语文是个工具，但他同时又说："语言现象涉及三种事物：人、语言、思想……所以在进行语文教育时就离不开语言材料所包含的思想内容。语文这个工具跟其他工具有相同的一面，这就决定了语文教学必须教学生切切实实地在训练中学会操纵和使用语文工具，也就是着眼于掌握字、词、句和篇章的运用能力，不容许离开这种训练去空讲大道理，空讲理论知识；它跟其他工具又有相异的一面，这又决定了语文教学必须把训练学生运用字、词、句、篇章的能力和训练学生理解语言所表达的思想的能力结合起来，不容许把二者割裂开来，对立起来。这样看来，语文教学强调基本功，强调多读多练，强调'文道统一'，这正是由语文这个工具的性质决定的。"②

语文教育在本质上是一种"立人"的教育。蔡元培说："教育者，养成人格之事业也。使仅仅为灌注知识，练习技能之作用，而又不贯之理想，则是机械之教育，非所以施于人类也。"③ 在语文教育实践中，如果从"立人"的高度来看待语文课程的"工具性"，就能避免和克服工具理性与科学主义给语文教育带来的种种弊端，并赋予其"工具性"以"人文"的内涵。"人文"不是某种抽象的东西，它既关注人的"终极"价值，也关怀人的现实生活意义和生存境遇。而语文课程的工具性主要是就语文教学对

① 张志公.蒙学书目和书影[M].上海：上海教育出版社，1992.
② 张志公.蒙学书目和书影[M].上海：上海教育出版社，1992.
③ 蔡元培.蔡元培全集：第6卷1927—1930[M].杭州：浙江教育出版社，1997.

受教育者适应生活的意义而言的，是指语言学习是个体适应现实生活、促进其他学科的学习、从事各种工作的工具。作为学生适应生活的工具，语文教学必须培养学生正确理解和运用祖国语言文字的能力，强化语文教学的实践性、应用性、生活化。"生活化"就使语文教育的"工具"价值与"立人"教育结合起来了。我们要"立"的人首先是要具有现实生活能力的人。在语文教学生活化实践中，要引导学生在广泛的社会实践中学习语文、应用语文，通过反复的科学的练习，使学生的耳、口、眼、手、脑都得到全面的训练，使他们的语言能力和思维能力都得到协调的发展。也就是说，语文作为工具不仅仅具有适应现实生活的功用，还具有促进个体精神发展的功能，因为语文教育生活化不仅仅着眼于个体对生活的适应，更致力于个体创造新生活能力的发展。如生活情景模拟语文训练和语文研究性学习等活动，这不仅提高了学生适应生活的能力，还培养了学生的创新意识、合作意识等精神层面的东西。

如果从更广阔的背景来探讨语文课程工具性与人文性的统一，我们就会看到语文课程工具性与人文性的统一符合现代社会"科学"与"人文"融合统一的现实要求和历史趋势。显然，工具性的基础是工具理性和科学精神；人文性的基础是价值理性和人文精神。工具理性与科学精神给人类社会带来了巨大进步，同时也产生了许多不容忽视的负面影响。这些负面影响促使人们从人文的角度进行反思，用人文的视点来纠正科学的偏差，用人文精神与价值理性来抑制科学主义和工具理性的极度膨胀。科学与人文从对立走向融合已成为时代精神的趋势。用这种时代精神来审视语文课程，我们就会发现，如果只重视语文的工具性，语文教学将陷入科学主义的泥淖；如果只重视语文课程的人文性，语文教育将沦为人文主义的乌托邦。只有语文课程工具性与人文性的高度整合，才是语文教学的正确道路。

与其说语文是文化的重要组成部分，不如说语文本身就是文化。"文化"就是"人化"。文化的中心是人，是人的本质力量的显现和对象化，是人性在自由自觉的境界上对自身力量的认识和确证，是人类走向文明时带血的呐喊和身后留下的深深的足迹。

文化的本质是立人。文化是立人之本。文化的精神价值所在，永远是背后那个超越物欲，空灵高尚的精神境界。以优秀的文化育我仁爱之心，养我浩然之气，铸我铮铮傲骨，能使我们的内心充实、有力，做一个谔谔有为之士。这是人文精神的终极价值。从人性的结构上来看，就是净化、提升人的自然属性，抑制、消解人的反主体性，从而尽最大可能来唤醒、振奋、鼓舞人的主体性，并使之发扬光大，从而使我们的内心充实、和谐，使我们的生命坚定、有力，富有创造性。每一个生命都应该是一轮新鲜的太阳啊！

文化可以使我们发现自己，文化就是人的精神性的显示，同时也是人为达到更高水平的人类本性的道路。人按其本性来说，本质上能够无限地扩张到他自己作用范围的地方。所谓天才，也无非是能够最早充分地认识自己的价值，从而以最直接的方式完成了生命由瞬间到永恒的有效转化。文化使人性在自由自觉的境界上体认到自身，实现由自然人向文化人的转变和超越。人生就在这个过程中发热、闪光。反之，没有文化滋润的生命将是枯萎的，没有文化照耀的生命将是暗淡无光的，其价值将大打折扣。

　　语文教育就是要解决人跟世界的关系问题，它的最终目的是建立起主体跟世界的广泛而深刻的联系。语文是人获得意识自由的必要条件，还是社会成立和发展的基础。在三者之中，语文是纽带，是桥梁。语文在使人获得成长的同时又把他们联系起来，组成一个有秩序、有活力的人类社会。

第五节　大学语文课程的设计

　　课程设计是对课程的各个方面做出规划和安排。课程设计有三个层次：宏观层次的课程设计是对课程体系的整体编制，以解决课程的一些基本理念问题，包括课程的价值、根本目的、主要任务、内容选择、基本结构等，我国颁发的教学计划或课程计划就属于这样的设计；中观层次的课程设计是对具体课程的编制，就是将宏观的课程设计具体化为各门课程的教学大纲或课程标准，并以教材为物质载体表现出来；微观的课程设计是教师对于课程的再设计，即学科教学设计。大学语文课程设计主要研究中观层次的课程设计问题，也就是大学语文课程标准的编制问题。我们为此讨论六个关键的问题。

一、大学语文课程观念的现代化

　　大学语文课程不能再纠结在什么工具性、人文性、基础性、审美性等盲人摸象的片面中，也不能只在浩如烟海的典籍和网络中粘贴一堆文章来充当大学语文。大学语文课程建设要走向开阔和开放，不仅应将课程看作计划化、组织化了的具体科目，而且应将它理解为学生校内外生活经验的总和。这种经验既来自学科的课堂教学，也来自学校的制度、组织以及师生关系和校外活动等方面。它不仅是组织好的一门学科，而且应当有更广泛的外延。课程的知识也不仅仅是本学科的学术性知识，还应当包括那些与社会生活密切联系并与大学专业发展密切相关的其他学科的学术性知识。

　　特别应当提出的是，大学语文课程应贯彻积极语用学的基本精神。语用学主要研究言语行为，是对语言学的新发展，构成言语教学论的理论基础。语用学是结合一定的语境而对言语行为的意图、意义和交际价值做的动态研究，语境、背景、话题、交际方、话语是其基本要素。语用有消极语用和积极语用之别。如果一个人的语用行为只是停留在复述、再现、描摹层面，就是一种"消极语用"。尽管某个人在说话，其实是别人的思想借其嘴巴而"复述"出来的，说话人被异化成对"他者"思想的复述者，这实际上是人和语言的分离。所谓积极语用，是表达主体基于独立人格和自由思维并以个性言说、独立评论和审美表达等为形式特征，因而是富于创造活力的主动完整的表现性言语行为。我们要通过母语教育使学生习得由心灵所主宰的语用能力。

　　一般言语行为的表达效果由三个要素的乘积所形成，即言语动机、言语情感、言语能力。言语行为的表达力是由这三个要素的乘积构成而不是它们的机械累加或堆积。语用主体的动机、情感和语用能力三要素之乘积决定了语用行为的效果。如果听、说、读、写、观缺少对学生思想能力的必要重视，将语用行为仅仅视为一种外部感官的言语行为，就只能陷入一种技术主义教育的泥淖。这是忽视生命主体思维和情意元素的技术主义的狭隘思想。言语行为从来不是人的感官的简单技术行为，而是一种智慧生命的心灵闪光，是宇宙之精华、万物之灵长的思想和情感能量的释放。古往今来，唯有语言的表达力才是实现主体与外部世界的联系、最后实现人自身价值的最主要能力。语文课只有让学生"享受"母语才可能"人""言"合一、目标到位。因为这里隐含着哲学上的一个重要命题：语用即"我"，"我"即语用。20世纪哲学的一个主流趋势就是通过语用行为去研究并发现心灵的奥秘。所谓人的价值，必然是在语用（尤其是表达）中体现出来的，没有了语用就是失去了"人"的思想现实，就是失去了人自身啊！

二、明确大学语文课程的任务

大学语文课程的任务有以下五点：

第一，全面提高学生的语文素养。语文课程必须充分发挥自身的优势，继承和弘扬民族精神，使学生通过优秀文化的浸染，塑造热爱祖国和中华文明、献身人类进步事业的精神品格，形成健康美好的情感和奋发向上的人生态度。应加强课程内容与社会发展、科技进步和学生成长的联系，引导学生积极参与实践活动，学习认识自然、认识社会、认识自我、规划人生，乐于表达、善于沟通，促进大学生的全面发展。

第二，正确把握语文教育的特点。语文教育的特点一是人文性，二是实践性，三是民族性。语文课程具有丰富的情感内涵，它对学生的情感、态度、价值观的影响必然是广泛而深刻的，所以，不能不重视语文课程的熏陶感染、潜移默化作用，不能不注意教学内容的价值取向。将语文课程与自然科学类的课程进行比较，可以看到，语文课程中具有大量具体形象的、带有个人情感和主观色彩的内容。人们对于语文材料应该有理解一致的地方，否则人际交流就无法进行。但是在很多情况下，由于个人的知识背景、社会经验、体悟角度等方面的差异，面对同样的作品，特别是文学作品，人们会有不同的理解或感受。这是完全正常的。因此，语文教育要特别提倡师生之间的平等对话，也特别需要注意尊重学生独特的情感体验和独创性的理解。

语文教育的过程是学生读、写、听、说不断实践的过程，是学生在语文实践中受到熏陶感染的过程。同时，因为是母语课程，所以实践的对象不应限于书本，而应该让学生接受丰富的语文学习资源，重视各种语文学习实践的机会，注重应用，加强与社会发展、科技进步的联系，加强与其他课程的沟通，以适应现实生活和学生自我发展的需要。通过语文的实际运用，帮助学生养成认真负责、实事求是的科学态度。

语文教育是母语教育，自然具有民族性的特点。在教学中要重视培养良好的语感和整体把握的能力。这个要求符合我们的母语特点和学习规律。

第三，重视审美与探究能力的培养，促进学生均衡而有个性地发展。审美教育有助于促进人的知、情、意全面发展。文学艺术的欣赏和创作是重要的审美活动，科学技术的创造发明以及社会生活的许多方面也都贯穿着审美追求。未来的社会更崇尚对美的发现、追求和创造。语文具有重要的审美教育功能,语文课程应关注学生情感的丰富和发展,让学生受到美的熏陶,养成自觉的审美意识和高尚的审美情趣,培养审美感知和审美创造的能力。

未来社会要求人们思想敏锐,富有探索精神和创新能力,对自然、社会和人生具有更深刻的思考和认识。大学生思维渐趋成熟,已具有相当的阅读表达能力和知识积累,发展他们的探究能力应成为语文课程的重要任务。应在继续提高学生观察、感受、分析、判断能力的同时,重点关注学生思考问题的深度和广度。

第四,积极倡导自主、合作、探究式的学习方式。改变学习方式实际上是改变一种习惯,要由过去的接受式学习变为自主、合作、探究式学习,要把学生看作学习的主体、发展的主体。

自主学习,是指学习主体有明确的学习目标,对学习内容和学习过程具有自觉的意识与反应的学习方式。合作学习,是指学生在学习群体中"为了完成共同的任务,有明确的责任分工的互助性学习"。现在的社会越来越强调合作意识和团队精神,应该让学生在学习中学会合作。探究学习是指学生独立地发现问题、获得自主发展的学习方式。在探究学习中学生自己发现问题,探索解决问题的方法,通过各种学习途径"获得知识和能力、情感和态度的发展,特别是探索精神和创新能力的发展"。探究学习的主要特征是"问题性、实践性、参与性和开发性"。

第五,努力建设开放而有活力的语文课程。语文课程应植根于现实,面向世界,面向未来。要拓宽语文学习和运用的领域,加强与生活的联系,注重跨学科的,特别是与大学专业相结合的学习,运用现代科技手段开阔视野、提高学习效率,获得现代社会所需要的语文实践能力。语文课程要由"专制"走向民主,由封闭走向开放,由专家走向教师,由学科走向学生。课程不只是文本课程,更是实践体验课程。它不再只是特定知识的载体,更是师生共同探求新知的过程与平台。实行课程改革,要增强课程的资源意识。语文课程的开放和活力,还要体现出个性要求。

三、确立大学语文课程的目标

西方的学者倾向于将教学目标看成教学的预期结果或效果,或指教学在学生身上引起的行为方式的变化。布卢姆认为:"目标就是预期的结果。"[①] 泰勒认为:"形形色色行为方式的变化,就是教学目标。"[②] 我国学者大都把教学目标和教育目的联系起来,认为它是教育目的的学科化和具体化,是教学活动能达到的预期结果,它着眼于教师的教学活动所引起的学生学习行为的变化。总之,教学目标存在于教学活动之前,是课程设计对教学结果的主观预测,而且是学生要达到和实现的结果。大学语文教学目标是大学语文课程对大学语文教育活动结果的一种期望或设计。它确定于教育活动之前,带有一定的主观性,但是,它绝不是教育者的凭空想象和臆断,而是在教育规律的基

---

① 布卢姆.安全的感觉——如何使自己强壮,以积极应对一个变化中的世界 [M].梁豪,王彦华,译.上海:上海人民出版社,2005.

② 弗雷德里克·泰勒.科学管理原理 [M].黄榛,译.北京:北京理工大学出版社,2012.

础上，依据学习者的发展、社会生活的需求和学科功能等制定的。大学语文的教育目的也必须服从于国家人才培养的总体目标。

任何教育都是一种有目的的实践活动，既有物质的功利的目的，也有精神的修养的目的。一般来说，任何课程都难以彻底摆脱它的直接目的，即满足学生自身生存和发展的需要。因而，学生自身生存和发展的需要是教学目标的基本来源之一。

在以科技经济和自由竞争为特征的当代社会，人们的交往日益频繁，关系日渐复杂，竞争也日趋激烈，大学生不仅要拥有丰富健全的知识结构和专业技能，还要成为一个身心全面发展的"完整的人"。大学生希望通过大学语文课程的学习提高自己的综合素质，尤其是语言能力、应用写作能力和文学修养方面的提高。同时，技术化的社会和日趋激烈的生存竞争也要求大学生具有健全的人格与强大的心灵力量。新技术革命不仅带来了人类生活方式的现代化，还引发了人的观念和思维方式的革新，人们的思维方式的改变、视野的拓宽使人类更加重视创造性思维，富有创新精神。在我们这个时代，人类文明正经历着巨大的转变。美国社会学家约翰·奈斯比特在《大趋势——改变我们生活的十个新方向》[①]中提醒人们注意的跟语文直接相关的是：信息社会是真实的经济存在而非抽象的思想；在这个文字密集的社会里，我们比以往更需要具备基本的读写技巧，但是我们的教育制度却在制造日益低劣的产品；新信息时代的技术并非是绝对的，它的成败取决于高技术与高情感平衡的后果。大学语文教学目标的确定要适应时代的发展，满足当代大学生的需求。

未来理想人才的人格和能力应具有以下要素：

独立、理性地选择价值目标的能力（形成生命、信仰、尊严、文明、创造、社会接受等有关的积极价值观并建立合理价值关系）；

广泛的社会经验和完整的生活概念（高度社会适应性的基础）；

高度敏感性（对变化的敏感和对可能性的敏感）；

自我定向能力（独立性、自我引导与自我负责）；

主动适应能力（迎接挑战与逃避挑战）；

对不明确情境的耐受性（冒险性和自我拓展倾向）；

抗拒压力与耐受挫折的能力（压力激发针对目标的反作用力而不是我向或他向破坏力）；

社会角色意识与沟通能力（社会定位概念、自我形象概念、责任意识与交往能力）；

高度创造力（创造独特和新颖事物的能力）；

持续发展倾向（自我超越和自我提高的要求）；

人际关系调整能力（情感目标定向的人际关系）；

高文化（道德）修养（文化修养正成为人们生存能力和适应能力的一部分）；

善于竞争与合作（工作目标定向的人际关系）；

专业知识和技能。

---

① 奈斯比特.大趋势——改变我们生活的十个新方向[M].姚琮，译.北京：科学普及出版社，1985.

从内容上看，这个"人才模型"既是各科教学的目标，也是语文教学的目标，语文更多地承担着培养学生健全的人格和良好的心理素质的任务。从未来对人才的要求出发来反思语文教育的历史和现状，会有许多沉痛的思考，会更加明确语文教育的目标，也会依稀看见语文教育的出路。

在培养大学生的感悟和思辨能力，开拓他们的精神视野，激发他们心灵的力量方面，大学语文具有得天独厚的优异功能，这是其他学科所不能比拟的。具体来说有以下五方面：

一是对人类情感与心理世界的体察与领悟力。一切阅读和表达的起点是对事物的认知，而语文所关注的认知对象首先是人，尤其是比天空还广阔的人的情感与心灵世界。因此，体察和理解人类复杂微妙而又变化万千的感情世界就成为语文阅读的基本功。

二是对生命现象的感知与想象力。语文能力的形成离不开文学修养，而文学作为一种艺术活动，以形象思维作为认识世界与表现自我的主要方式，因此，学会对各种原生态的生命现象进行直接的观察、感知以及由此激发的联想和想象，成为我们理解人和自然并用语言加以描绘的基础。

三是对文本所传达的精神价值与思想哲理的洞察力与批判力。无论是文学或科学的文本，除了描绘形象之外，还必然会传达作者对社会、人生和自然的思索。这些思索的成果和思想的结晶不仅可以引导人生、启迪智慧，还可以帮助我们形成对各种社会与自然现象的批判性反思，并掌握对知识和思想的不同表达方式。

四是对文本语言形式的感受力、组合力、表现力。中国人学习语文的主要内容是以汉语作为表达媒介的文本的。因此，学生对汉语的语言魅力、表达特点、形式规范及其变化的可能性，以及各种修辞手段、语体风格都应有敏锐的意识和娴熟的运用能力。

五是对所论对象进行逻辑梳理的判断力、分析力与思辨力。无论是阅读还是写作，都不仅需要理解和把握某一特定对象或观点，还需要深入认识不同对象之间的关系，正确把握各种思想观点之间的联系、区别与层次关系，以便找到阐发思想、组织文本的合理线索与思路。因此，有逻辑地整理世界和表述思想的能力是不可缺少的。

综上所述，大学语文应该确立知识和能力、过程和方法、感情态度和价值观三维目标。这种三维目标构成丰富、均衡、稳定的语文教育目标体系。它一方面重视在人格精神上教育学生成人，另一方面又不忽视技术的力量，重视在知识、能力和方法上培养学生成才。对于大学生来说，无论是成人还是成才，都要在言语实践中感受和体验、探究和表达，唤醒自己心灵深处沉潜的生命力量，让灵魂睁开眼睛看世界，让自己的价值理想浸透每一天的生活。

四、大学语文课程内容的基本要求

第一，课程内容应突出基础性。大学语文中的主要内容来源于我国传统文化，其中大部分属于文学的范畴。传统是已经发生了的事实，但是，传统又是可再生的精神资源。如何站在当代的立场上实现传统和未来的对接，是大学语文课程的一项重要课题。

大学语文课程既要为大学生提供相对稳定的文化知识和自成体系的文化价值，又要使这些内容能够应对迅速变化的现实，并对未来也具有相应的敏感性和适应性，确保他们在这门课程中形成的语文素养能够提升，在人的精神和生活能力等方面能适应社会的需要并有所发展。能够在社会生活中生存和发展的人才会是幸福的，因此，母语的学习才真正是像吮吸母乳一样的有意义的学习。为此，应在课程改革中撤删传统的陈旧、烦琐的部分，把那些具有最广泛的概括性和应用潜力的文化知识融入课程，以使学生学会在各种问题中抽取具有永久意义的主题和线索，了解事物发展的规律，具有在新的情境中组织原有知识和新信息以处理新问题的能力。

第二，课程内容应体现时代性。时代性不是一个时间概念而是具有价值方面的规定性。只有那些在这个时代适用并且能够孕育未来的文化才具有时代性，包括古代的和现代的。《诗经》中对爱情的歌唱，儒家的积极入世的进取精神，范仲淹的"先天下之忧而忧"的崇高情怀等，在任何时代都是能够引领时代进步的。相反，一些发生在当下的时髦的东西倒不一定能体现这个时代本质的东西，它不但对未来没有什么价值，就是在今天也是没有什么价值的。课程内容要反映现代文化的先进水平，对那些不符合现代和未来社会发展需要的虚脱、陈旧的课程内容加以淘汰，相应地增加、渗透现代科学技术和人文学科的新成果。另外，语文课程中的文化典籍，在可能的范围内适当地用时代精神加以诠释，以焕发其生命力。

第三，课程内容应具有民族性。文化的现代化表现为民族文化的开放和世界化，但现代化绝不等于西方化，民族文化对世界文化的现代开放绝不是消解本民族文化的独立个性，更不能以某一民族、某一民族区域的文化来统合、同化本民族或民族区域的文化，而是在开放民族文化、沟通共享世界各民族文化的同时，实现本民族传统文化历史性的动态发展。课程作为一定历史条件下的文化载体，一定要具有民族特色。应致力于中华民族传统文化如何与现代社会的普遍性基本价值观念与日常生活道德相吻合、相适应，实现民族优秀文化的再生，发挥传统文化特别是传统道德的现代育人价值。

第四，课程内容应具有结构性。课程内容的结构化要求以最有益于解释学科内容事实的基本框架和范式为依据，以基本概念、基本原理、探究方法为中心来编排课程内容，使学生形成对该学科的"最基本的理解"，实现语文素养的触类旁通的效果。具体地说，大学语文课程的结构应设置三条线索，处理好四种关系。

三条线索：第一条是陶冶人文精神的线索。课程内容要反映出我国传统文化的精髓，概括出人世间的基本价值标准，从而揭示人生的意义，赋予生命以自强不息的强大动力。第二条是发展语文能力的线索。语文能力包括听、说、读、写四种基本技能，课程内容要能够显示出大学生语文能力所要达到的标准和实现的途径。能力标准包括内容和水准两方面，比如，写的能力，应当书写哪些方面的内容和达到什么程度。第三条是掌握语文方法的线索。语文的方法是指习惯于用言语的阅读方式来获取自己所需要的信息，或者迅速有效地表达自己的认识，能够自己解决在工作和生活中遇到的各种问题，以利于实现自己的人生价值。

四种关系：第一种是课程内容各组成因素之间的时空关系。我国历代的作品，外国的作品，不能简单地以作品的年月日的顺序或者先中国再外国的方式排列，而要考虑它们之间怎么排列才能形成一个具有思想张力的场域。第二种是大学生的精神成长规律和课程内容之间的关系。大学四年是学生精神迅速成长、人格趋于成熟的关键时期，这四年从生理上来说很短，但学生的心理时间却很长。学生每一年的心理都有不小的变化，他们每一年面临的各种问题有很大差别。因此，大学语文课程安排的内容要符合学生的心理现实，能够促进他们的精神富有生机地成长。第三种是课程内容所选各种作品种类的比例关系。文学的、文章的、文化的和应用的，应各种占多少才是合适的，才最能发挥语文的功能，最有利于学生语文素养的形成。第四种是课程内容各个主题之间以及与其他因素的关系。各个主题在构成语文课程中都是不可缺少的同等重要吗？它们之间是并列的、包含的，还是递进的？它们跟学生的生命和社会构成何种关系？

语文课程的三种线索和四种关系并不是孤立、平行的，它们之间存在着或递进或因果的逻辑关系。它们在各种阅读和表达的语文活动中交叉，在学生的生命深处融合，在语文素养系统中融为一体。

五、大学语文的综合课程

现代社会人类所面临的环境问题、人口问题、能源问题、战争问题等，没有一个是能够凭借一门或两门科学解决的，甚至在分科条件下这些问题很难进入课程。当前及今后，需要综合各种因素来思考人类的出路。现代社会的信息化和复杂性，对人的素质提出了更高的要求。国际 21 世纪教育委员会在 1996 年向联合国教科文组织提交的报告《学习——内在的财富》中提出，学生要学会求知，学会做事，学会共处，学会做人。实现这个目标需要广阔的知识背景以及理解它们内在联系的能力。因此，赫尔巴特提出"教材联络"的概念，即在课程中安排各学科时，要使一门学科的教学经常联系其他学科的教学内容。他认为，在校外生活中，这些学科内容几乎看不到它们是各自割裂的。那么，为什么在学校里就不能把它们联络起来呢？鲍尔斯、格里芬和奥立佛提出了"文化联系"的概念。"他们认为联系超越个人自我，扩展到生态系统——实际上是我们生活的宇宙。在过去的几十年里直至现在，我们才开始发展宇宙的和联系的意识。这一意识带来的挑战是两方面的：一方面，提倡感知的局部性，另一方面，认识到我们自身的观点要统一于更广阔的文化、生态、宇宙模体之中。我们的进步和我们的存在——作为个体、作为社区、作为民族、作为种族、作为生命形式——依赖于我们将这两种观点纳入互补和谐之中的能力。"① 所以，在分科基础上，综合课程的实

---

① 小威廉姆·E. 多尔. 后现代课程观 [M]. 北京：教育科学出版社，2000.

施已是大势所趋。而语文学科作为一门综合性和实践性极强的课程，从古到今都离不开综合。

课程目标决定了课程必须具有现实性、综合性和生成性。现实性是指课程必须来源于现实并且有利于现实，现实既包括人类社会的现实，也包括学生个体的现实。课程是从各种现实的经验中选择那种在后来的经验中能够丰满而有创造性生活的经验。教育是在经验中，课程应当把教和学看作经验改造的不断继续的过程，而不应成为知识的堆砌。课程的现实性必然要求课程的综合性。社会的问题日趋综合和复杂，学生单一的专业训练往往不能适应实际工作的需要。课程的联系应该超越自我，实行跨学科综合，进而上升到生态系统——实际上是我们生活的宇宙。如此，学生才可开阔视野，多方面地认识事物，思考问题，养成注重实际的精神和深邃缜密的思维品质。生成性是指课程是通过学生自主活动展开和完成的，课程的学习应该是一个发现的过程，一个逐渐习惯于奇思妙想的过程，一个寻求解决问题的过程，一个设计新体验的过程。

文、史、哲天然一家，大学语文更应是实行跨学科的综合课程。文学离开历史很容易迷失价值的坐标，离开哲学也很难达到文学形而上的高度。同样，历史和哲学如果离开了文学，也很容易因为失去感性的材料而枯燥和失血。另外，教育学、社会学、法学、经济学等也应有选择地编配组合。语文综合课程应具有开放性、实践性和文化性。

语文综合课程的目标是培养学生发现课题的能力以及将个别事物联系起来，或对各种事项进行整体把握的综合能力。语文综合课程的学习是全面提高学生语文素养的学习，是向学生提出智慧需要和产生智慧的学习。语文综合课程以课题或主题为中心跨学科组织学习内容，这些内容是广泛的和开放的，它以学生的兴趣和现实的需要为特征。主要包括自然、社会和人类面临的文化、人口、能源、环境、战争、信息技术以及其他的重要问题。主题中涉及的学科只是作为一个要素或局部，这些要素或局部"按照语文的样式或结构"来参与组成一门新课程，它们共同指向人文精神的终极归宿。语文综合课程的主题根据学生成长的规律和人类社会进步的需要以及语文学科的内在结构组织成一个有机的体系。体系的内容结构是有序的、动态的和生长的。语文综合课程以学生亲身实践的方式实施，使学生在语文运用中学习语文，发展语文能力，提高语文素养。至于综合学习的具体操作方式，"特别要注意杜绝仅仅靠回忆和积累事实（受'大脑白板说'的欣赏）的方式，而要使评价与学生在一个新的具有挑战性的语境中运用和组合多种能力，以及同他人交流结果的方法相结合。这样，学生可以单独或以小组的形式解决复杂、多步的问题，收集资料、分析、整合、解释并将他们的结果报告给真正的听众"。

语文综合课程的方式不拘一格，具体的内容更是丰富多彩，但可以概括为三种主要的学习模式，即学科延伸式、社会活动式和主题课程式。

六、大学语文校本课程的编制

各地各校各专业都存在着丰富的语文课程资源，但这些资源往往是潜在的，分散又零乱，相当多地处于隐性状态。所以，编制语文校本课程的关键一步是广泛、深入、细致地收集课程资源。

所收集到的各种材料，即使是具体生动的，但它本身还不是课程，还要根据课程编制的原则归类组合，重新赋予它生命。设计语文校本课程应该坚持以下原则：

第一，以学生的精神成长需要为中心。课程是建立在学生成长的需要之上的。各种资源都要以学生精神成长的需要为脉络来组织。学生精神的成长有其内在规律，总是从近到远，从具体到抽象，从关注自身的需要到自觉地承担起社会责任。学生精神的成长既有连续性，又具有明显的阶段性，每个阶段的精神需要是大不相同的。只有课程内容的层级与学生成长阶段的精神需要相吻合，课程才能起到引导、促进的作用。这样的语文课程才是有价值的。

第二，以发展学生的言语能力为目标。言语能力目标是语文学科得以确立的主要依据，语文教育的功能是通过发展学生的言语能力来实现的，学生也是以自己的言语能力来跟社会建立联系的。如果忽视了言语能力的目标，那么语文学科就失去了存在的理由，而学生与社会的关系也会处于孤立疏远的状态。语文校本课程因为所运用的材料具有亲近、具体、多样等特点，更容易激发学生学习言语的兴趣。因此，在语文校本课程的编制中，要以言语的实际运用为发端，把言语活动贯穿于语文校本课程设计和实施的全过程，使学生的言语能力得到有效提升。

第三，要突出语文校本课程的活动特点。语文校本课程的最大特点是实践活动性，它是开放的而不是封闭的，是实践的而不是旁观的，是探究的而不是接受的。

开放有两层含义：一是指课程的内容方面，它向历史和现实开放，向各学科开放，向社会生活的各方面开放，凡是具有语文教育功能的材料，都可以纳入语文校本课程；二是指参与课程编制的人员，校本课程面向各界人士开放，凡是拥有语文课程资源的人员都可以进入课程的编制和实施。其中最主要的当然还是语文教师和学生，他们是课程的主体。

实践和探究可以从教师与学生两方面来理解。在校本课程中，教师教什么和学生学什么，以什么方式教和学都是不大确定的，这就需要自己去探索、去发现。往往从现实的需要和所占有的资源来确立课题，组织内容，编制程序，师生共同努力以实现课程的目标。如果没有实践的观念，缺少探究的精神，那么，编制语文校本课程是根本不可能实现的。

以上三个特征归结起来，就显示出语文校本课程的动态性、过程性和生成性。

第五章　大学语文教材

第一节　大学语文教材解说

教材是教学材料的简称。传统教育派认为：教材是历史积累的人类经验，是学校各学科的目的、内容或材料。现代教育派认为：教材既包括师生所从事的活动，又包括完成此类活动所应用的各种材料或工具。教材可分为有形的（物质的）和无形的（精神的）。教材具有广泛的含义，人们对教材的理解也具有多样性。《中国大百科全书》对教材的解释是：一、根据一定学科任务，编选和组织具有一定范围和深度的知识技能体系，一般以教科书的形式来具体反映。二、教师指导学生学习的一切教学材料。[①] 靳玉乐等主编的《新教材将会给教师带来些什么》将教材定义为：教材是教师为实现一定的教学目标，在教学活动中使用的、供学生选择和处理的、负载着知识信息的一切手段和材料。[②] 它既包括以教科书为主的图书教材，又包括视听教材、电子教材以及来源于生活的现实教材。总之，教材源于实质性的科学、文化、艺术、生活的各个领域，又由一定育人目标、学习内容和学习活动方式分门别类组成的可供学生阅读、视听和操作的材料。教材既是教师进行教学的基本材料，又是学生认识世界的媒介。

大学语文教材是指为大学语文课程提供的教学材料。大学语文教材有狭义教材和广义教材之分。狭义的语文教材仅指课堂上使用的语文教科书，通常称为语文课本，意为课程的根本。语文教材系统中还有与之密切配合的其他材料。如王步高、丁帆主编的《大学语文》[③] 的教学参考资料、课外阅读文选、音像教材、网络 CAI 课件以及拓展教材等十二种之多，但这些都是从属于语文教科书的。正如张志公所说："所谓'教材'，不单指一本教科书，而是应当包括教师用的、教学用的教学指导书或教学参考书、音像材料以及学生用的各种辅助读物、课外活动材料等一个完整的系列。不过，在这完整的系列中，那本'教科书'毕竟是核心。"[④]

广义的语文教材不仅指语文教科书和教学参考书，还包括在日常生活中被人们当作语文学习材料看待的一切语言文字音像材料。20 世纪 30 年代，语文教育家夏丏尊说："国文科是语言文字的学科。除了文法修辞等部分以外，并无固定的内容。只要是白纸

① 《中国大百科全书》总编委会.中国大百科全书 [M].北京：中国大百科全书出版社，2009.
② 靳玉乐，宋乃庆，徐仲林.新教材将会给教师带来些什么 [M].北京：北京大学出版社，2002.
③ 王步高，丁帆.大学语文 [M].南京：南京大学出版社，1999.
④ 张志公.暨蒙学书目和书影 [M].上海：上海教育出版社，1992.

上写有黑字的东西,当作文字来阅读来玩味的时候,什么都是国文科的材料。"① 夏丏尊当年是就中小学的语文教育来解释语文教材的,对于当代大学语文来说,一切历史文化的典籍和现实生活的研究,一切社会科学和人文科学,举凡文、史、哲及其衍生出来的美学、宗教学、伦理学、文化学、艺术学等,只要可以拿来增强学生的认识,澡雪学生的精神,发展学生的语文能力,都可以作为也应当作为大学语文教材使用。

语文教材有学科中心的语文教材和生活中心的语文教材。学科中心的语文教材是以语文学科的体系为轴心构成的语文教材。这种教材体现出明显的知识性,强调语文学科所特有的内容及系统性,重视学科知识和技能的获得。以语言知识为结构体系或以文字、文学的发展历史为体系的语文教材就属于此类。生活中心的语文教材是以学生语文活动为内容而构成的语文教材。这种教材重视学生自身的经验和感受,目的在于更好地激发学习者的兴趣,在一系列的活动中培养听、说、读、写的技能。学科中心的语文教材以语文学科知识的逻辑结构为指导思想,生活中心的语文教材以学生心理的发展为指导思想。我国大学语文有以文体为中心的教材,以生命成长为中心的教材,以文学和文化为中心的教材等不同类型。文体为中心的教材重文章、重写作,以文体为线索组织教材。以生命成长为中心的教材重视学生精神的成长,把生命的要素按照生命成长的顺序组织教材。以文学和文化为中心的教材则重视人文教育,教材的内容几乎全部是文学作品和文化论文。不同类型的语文教材各有所长,也存在明显的偏颇。优秀的大学语文教材应该实现多种语文要素的辩证统一。

我国基础教育实行三级课程管理制度,语文教材分为国家语文教材、地方语文教材和校本语文教材。由于国家至今还没有制定大学语文课程标准,也由于大学教材建设的相对自主性,所以大学语文教材多是由大学教师联合编制的。他们从自己的语文教育理念出发,对大学语文教材的内容和体例做出了各自不同的探索,出现了繁多的个性独具的教材形态。它们在教材的目标、内容、结构等许多方面存在显著差异。从名称看,有《大学语文》《高等语文》《中国语文》《高等汉语》《人文素养读本》《实用语文》等。从适用对象看,有大学各专业可以通用的,也有只适用于某一类专业的。从性质看,有重人文性的,也有重工具性的。从文体看,有重文言文的,也有重现代文的。从编制体例看,有以文学史为线索的纵向结构,也有以主题组织为内容的横向结构。从选文内容看,有以文学作品为主的,也有各类实用文体和写作训练兼顾的。

以上是从教育理念、管理制度等制约语文教材编写的外部因素进行的分类,还可以从教材内容、内部结构等制约语文教材的内部因素对语文教材进行分类,如依据教材的性质、语文技能的训练、文体的形态、古今语言的不同将语文教材分为不同的种类。也可以从外部因素与内部因素的结合进而形成教材的编写体系,将语文教材分为分编型与合编型。我国现在通行的大学语文教材多是混编的综合性教材。

---

① 夏丏尊,叶圣陶.文章讲话[M].郑州:文心出版社,2016.

第二节　大学语文教材的变迁

1904 年 1 月，清朝政府发布了"癸卯学制"，这是我国近代第一个正式颁布施行的新式学制。"癸卯学制"钦定的大学预科和大学"随意科目"的教材是京师大学堂教授林传甲（1877—1922）编写的《中国文学史》。这是他为"分类科"学生补讲"公共科"的"中国文学课程"编写的教科书。林传甲是根据自己的文学史观并仿照日本的写法编写的文学史，但从它的实际内容和今天的语文观来看，可以认定它是一本语文教材。教材分十六篇，从文字训诂、音韵辞章到各朝代文体。但从全国看，"这门课程当时并无统一的教材，教师各编各的。北方的大学比较开放，大一国文除了文言文，还有一些白话文，甚至外国文学作品。南方大学比较保守，选的多属学术性文章，后来白话文章才多起来"。

1929 年，民国政府学制正式规定大学国文为大学一年级必修课。这一时期的教材有两种：一是《燕京大学国文名著选读》（共四册）（1935 年），"本编分选学术论著、文学史、国学常识之文，及与各系特有关系之作而为中学所未及者"。教材内容极其丰富，是按文学史顺序编排的文选体例。二是《燕京大学近代文编》（共二册）（1939 年），是燕京大学为大一新生学习国文而编纂的近代文学选集。其选文宗旨在反映时代潮流的同时兼顾文体的实用性，故其所选文章的文体十分丰富，包括日记、笔记、传记、叙记等十二类，作者是胡适、刘师培、梁启超、王国维、李大钊等。1942 年，沈启无编，新民印书馆印的《大学国文》（上、下两册），多选记叙类实用文体，按内容分为十组，包括风土民俗、笔记小说、记游、日记书信尺牍、序跋题记、传记墓志、纪念、读书、劄记楚辞小赋等。选材的用意很明显，是在培养学生的语文实用能力。"大学国文教材，各类文章皆须有以选录，以彰明体宜，昭示范模。凡大学生无论法科商科理科工科医科农科，对于各类文章之体宜，不可不知也。"这也符合这门课最初规定的"练习各体文字"的规定。

1940 年夏，民国教育部大学用书编辑委员会推选魏建功、朱自清、黎锦熙、卢前、伍俶傥、王焕镳六位资深专家负责编选大学国文，历时两年完成。此后各公私立大学一律遵用。据此选目编辑的《大学国文选》是我国最早的一部统编大学语文教材。选文基本目标为"了解""发表""欣赏""修养"四方面：在了解方面，养成阅读古今专科书籍之能力；在发表方面，能作通顺而无不合文法之文字；在欣赏方面，能欣赏本国古今文学之代表作品；在修养方面，培养高尚人格，发挥民族精神，并养成爱国家、爱民族、爱人类之观念。选文的标准是：酌量避免与中学重复。生人不录，时代后排，文体后分，四部不论。这部教材的教学内容与强调"立本"的教育理念紧密联系在一起，选文失之过深，实际教学很难操作，并没有得到广泛认可。西南联大时期的《大一国文》是各系共同必修。文言文部分突出地选了《论语》，还有李清照的《金石录后序》。语体文部分有鲁迅的《示众》，徐志摩的《我所知道的康桥》，丁西林的《压迫》（独幕剧), 林徽因的《窗子以外》, 胡适的《文学改良刍议》。这本大一国文和同期的"部定"大学国文相比, 不但选入了语体文, 而且内容也更具革命倾向。

这一时期影响比较大的教材当属郭绍虞专为燕京大学一年级选编的《近代文编》和《学文示例》(开明书店 1939 年、1941 年先后出版)。《近代文编》以思想训练为主而以技巧训练为辅,《学文示例》以技巧训练为主而以思想训练为辅;《近代文编》侧重在语言文字之训练,《学文示例》侧重在文学之训练", 但这种做法正如郭氏自己所言: "技巧与思想原及一件事的两方面", 在实际教学中很难断然分开。这种国文课本虽分编为二书, "而二书仍是互相为辅"。

《近代文编》"所选教材, 务取明显, 以便学生预习, 俾增阅读能力; 同时又以体式分组, 俾与作文取得联系, 庶于临文之顷, 得有观摩之资。本编既重应用, 自以不背现代生活为原则, 爰以戊戌变政为中心, 辑录同、光以来有关灌输思想讨论学术或研究生活之作, 俾于讲习之余, 兼收指导人生之效"。选文分日记、笔记、游记、传记、叙记、论说、论评、论辩、题序、书告、论述、疏证十二类。所选文体皆为生活中实用之文体, 而且切入现实, 有很高的思想和学术含量。如论说类选文有《说习》《人生观》《论谈话》《世界观与人生观》《机器与精神》《徐州应建行省议》《拟开清史馆议》等。论评类选文有《国人之公毒》《墨化》《李鸿章绪论》《清代学术概论》《冯著〈中国哲学史〉审查报告》等。《学文示例》一书分为五个大的方面, 编者对这五方面的"示例"做了这样的解释: 一、评改例, 分摘谬、修正二目, 其要在去文章之病。二、拟袭例, 分摹拟、借袭二目, 摹拟重在规范体貌, 借袭重在点窜成言, 故又为根据旧作以成新制之例。三、变翻例, 分译辞、翻体二目, 或迻译古语, 或骤栝成文, 这又是改变旧作以成新制之例。四、申驳例, 分续广、驳难二目, 续广以申前文未尽之意, 驳难以正昔人未惬之见, 远又重在立意方面, 是补正旧作以成新制之例。五、镕裁例, 此则为学文最后功夫, 是摹拟而异其形迹, 出因袭而自生变化, 或同一题材而异其结构, 或异其题材而合其神情……这又是比较旧作以启迪新知之例。这种教材非常重视对学生写作能力的训练。这种教材偏重文言, 又多选自名家, 给学生的学习带来不小的难度。

华北人民政府教育部教科书编审委员会编的《大学国文》, 分"现代文之部"和"文言之部", 分别于 1949 年和 1950 年由新华书店和华北联合出版社出版。对文言部分, 叶圣陶在《序》中说: "对于入选的文篇, 依据我们的目标, 定了些标准。有爱国思想的, 反对封建迷信的, 抱着正义感的, 反抗强权的, 主张为群众服务的。就思想方法说, 逻辑条理比较完密的, 我们才选它。换句话说, 那篇东西在那个时代那个环境那些条件之下是有进步性的, 我们才选它。"① 现代文的编选标准是: "那些怀旧伤感的, 玩物丧志的, 叙述身边琐事的, 表现个人主义的, 以及传播封建法西斯毒素的违反时代精神的作品, 一概不取。入选的作品须是提倡为群众服务的, 表现群众的生活跟斗争的, 充满着向上的精神的, 洋溢着健康的情感的。我们注重在文章的思想内容适应新民主主义革命的要求, 希望对于读者思想认识的提高有若干帮助。就文章的体裁门类说, 散文、杂文、演说、报告、传叙、速写、小说, 我们都选了几篇。这些门类是平常接

---

① 叶圣陶. 叶圣陶语文教育论集 [M]. 北京: 教育科学出版社, 1980.

触最多的，所以我们提供了若干范例。"该教材具有那个时代的鲜明的政治性和革命性。

中华人民共和国成立之初，大一国文采用的是郭绍虞、章靳以编的教材。教材内容趋向古代、当代、外国文学三方面的融合；结构依然采用传统的文选体例，但选文多用当时作家、政治家的现代文，内容贴近时代，力图传达一种政治观念，注重对学生的思想教育。这是一个新的社会形态诞生后对语文教育的必然要求。

1952年高校院系调整后，大陆大学语文课程不再开设，从此中断了几十年，而港台仍没间断。

20世纪80年代恢复开设大学语文。学生的语文能力特别是一些理工科学生的写作能力普遍欠缺，人们希望用大学语文课来弥补学生语文知识和能力的欠缺，提高大学生的写作水平，以适应建设社会主义"四个现代化"的需要。教材大多沿袭传统中学教材的分类体例，按记叙、议论、说明等不同文体进行范文的编排。这个时期的大学语文教材有文选阅读和写作训练两个部分。这种类型的教材延续了很长时间。农村读物出版社出版的《文学鉴赏与写作》是当时北方工业大学、中国人民公安大学等八个院校大学语文课共同使用的教材，它"以高层次地提高学生阅读、鉴赏和写作能力为宗旨"，分为"文学鉴赏导读""例文"和"实用文体写作"。汕头大学出版社出版的《新编大学语文》专门开辟两章对介绍学术论文写作和大学生求职文书的写作，力图对学生的写作进行规范化的训练。

20世纪90年代以后，随着对大学语文定位思考的深入，更因为社会形态的急剧转型，市场经济和商品消费成了社会的中心议题。这种情形让人们意识到人文精神的重要价值，希望大学语文课能够担负起人文教育的重任。教学目标上开始着眼于推进通识教育，提高大学生的艺术修养和文化品位，教学中更关注增强文学修养和文化知识的系统性，重视作品艺术价值的挖掘。这种思潮反映到语文教材的编写上就是大量选取文学作品而减少或取消写作的内容。其编排大多以文学史为线索，每一阶段选诗、文、词或杂剧、散曲、小说若干，按照作家的生卒先后排列。再选现当代文学、外国文学选文若干。每篇选文都附以题解、注释、提示或赏析短文、思考与练习题。后来一些教材在每一朝代前撰"文学史概述"一章，在每一单元或作品之后增加集评或汇评文字，以便学生了解文学史的发展脉络。代表性的如徐中玉主编的《大学语文》（修订4版）等。

进入21世纪以后，基础教育课程改革的新理念对大学语文产生了影响，随着大学文化素质教育的全面推行，肯定传统文化价值和重建人文精神问题的提出，教学重点转向从价值维度提升学生的综合素质与思想情操。大学语文教材的编写者意识到，既然这门课主要的任务是培养大学生的人文精神，再按照时间的顺序编排教学材料就未必合适，应该遵照精神生命的成长规律来组织材料，各种探索相继出现，原来出版的一些产生了影响的教材也做了较大的改编。以大学生的"精神成人"亦即思想情感和价值观的熏陶培育及精神品格的塑造为切入点，按思想主题或题材组织编排。如徐中玉主编的《大学语文》[1]增订本里，把选入的文章，除中外小说创作之外，根据题材及

---

① 徐中玉. 大学语文 [M]. 上海：华东师范大学出版社，1981.

主旨大体而又较细地分成十类，即品格·胸怀、怀古·咏史、写景·纪游、论文·品艺等。

近年来，以如何提高大学生语文素养为目的的探索和尝试，是大学语文课程体系建设进一步深化的表现。代表性教材有魏饴主编的《大学语文新编》和陈洪主编的《大学语文》。魏本分"阅读能力培养""书面表达能力培养"和"口头表达能力培养"三编，并与以文选为主的传统教学方式紧密结合，是一种非常可喜的探索，不足是培养学生语文能力的落脚点与基础教育较为接近。陈本《大学语文》提出"好文章"的编选理念，在大学语文教学内容的发展历史上具有划时代的意义。大学语文课程教材编写和课堂讲授的内容主体，"应该是选择具代表性的各个时期、各种类型、各种文体的经典的或优秀的汉语文本……由教师对这些文体上的例文，做出示范式的鉴赏分析，引领学生在潜移默化中体会什么是好文章，什么是某类文体的高标准，对文章和文体形成要领及语言美感，有所理解、体认和感悟，从而达到使学生具备高级语文能力和语文修养的目的"。大学语文重在为大学生传授经典母语文化，使学生懂得什么是母语的精髓，我们民族千百年来传承下来的语言文字的精妙之处何在，如何借鉴和传承等，因此是很有意义的。

还有的在教材中增加了我国传统文化知识和汉语知识，有的把大学语文改为高等汉语或高等母语等。在全球一体化快速推进的过程中，发达国家的文化凭借科技经济的优势大量进入，不少人痛感民族文化遭受侵蚀，于是坚守文化传统，捍卫汉语的纯洁。这对大学语文教学来说更是分内之事。《高等语文》采用分专题的方式讲授语文知识，包括文化史、文学史等方面的知识，并引导阅读、思考和写作。《高等语文》共二十五讲，每讲分概述、文选、研读材料三部分。如第一讲，先是"《诗经》与中国诗歌的起源"（概述）、"桃夭"等六篇《诗经》作品（文选）、朱自清的《关于〈诗经〉》（研读材料）。"研读材料"不仅仅是名家论文，也包括与本专题有关的一些作品（应称为"泛读作品"）以及作家生平材料。如"魏晋风度与魏晋文学"（第八讲），"研读材料"中即编入《七哀诗》《洛神赋》以及《晋书·阮籍传》（节选）等。"教材范围拓展了许多，除了文学，还有历史、哲学、自然科学等方面。例如，选了《易经》《孙子兵法》、乾嘉学派、《九章算术》等方面的文字，既可以学习语文，又可以涉猎相关的知识，从而引起学生对中国文化的兴趣。"全书共选入指导论文近七十篇、文选作品近八十篇，近六十万字。我们很容易看出来，这实际上是一种研究意义上的传统文化读本。

以上我们对大学语文教材的情况做了粗略的回顾，可发现，大学语文教材的内容以及编辑体例都在不断变化，这种情况是正常的，任何一种教材只有不断更新才能保持生命力。其中的原因既有生产方式的制约和社会思潮的影响，也有对大学语文教育目标认识的游移。但不论如何变化，都不应背离或歪曲语文本体的性质和功能，都不能无视学生成长和社会现实的需要，都不能脱离我国文化传统的精髓。

第三节　大学语文教材的结构和功能

一、语文教材的组织

为了方便教学，提高教学的效率，语文教材通常要把选择的教学内容精心编排，组织成一个各要素相互配合的有机系统。教材组织的理论依据是：

实践认识论原理。马克思主义的认识论认为："实践、认识、再实践、再认识，这种形式，循环往复以至无穷，而实践和认识之每一循环的内容，都比较地进到了高一级的程度。"①多种语文教材都自觉运用这一认识论原理来指导教材编写。语文教材要注重语文实践。学生语文能力的培养不是一次能完成的，而要经过反复实践。教材要有利于认识的深化，要指导学生在读、写、听、说的实践中，观察分析语言现象，归纳、领悟言语规律，学会理解和运用语言。

辩证法原理。语文教材组织教学内容必须正确处理编写中的诸多矛盾。首先，共性包含于个性之中，在积极创新、张扬个性中要符合大学语文学科质的规定。实践证明：要正确处理继承优良传统与适应时代发展的关系，借鉴国外经验与符合汉语特点的关系，吸收课程理论和尊重学科规律的关系，才能编写出现代化、民族化、科学化的语文教材。其次，要统筹兼顾，抓住主要矛盾方面。有的教材按照时间顺序编排课文，有的则按照主题分类组织；有的把培养学生的人文精神作为目标，重视文学作品，有的则着力于语文能力的培养，重视实用文体的教学；有的为了捍卫母语而多选用文言文，有的则注重学生现代精神的养成而兼容并包。凡此种种，都应当把人文性和工具性在"立人"的基础上统一起来，偏执和极端都极容易走向谬误。最后，唯物辩证法认为，外因是变化的条件，内因是变化的依据，外因通过内因而起作用。好的语文教材注意发挥教材"学本"的作用，便于学生自学。此外，编写者还要运用辩证法原理解决好静（知识）与动（培养能力、发展智力等）、显（显性目标）与隐（隐性目标）、有限（教材内容）与无限（课外天地）、精确与模糊（目标与方法）、数量与质量（规模与张力）等矛盾。

社会学原理。社会学以人类的社会生活及其发展为研究对象。首先，语文教材要联系社会生活，不断提高学生认识生活、反映生活、用语文服务于生活的能力。其次，语文教材要反映社会发展。语文教材要重视选取反映现实社会生活和时代精神的作品。最后，语文教材要能促进社会和谐与文明进步。

教育学原理。教育理论的核心是因材施教。高等教育与基础教育相比，学校的层次和目标定位更加多样化，学生的语文基础和专业选择明显不同，语文教材的编制要充分考虑这些个性差异。这就要求语文教材第一要面向全体学生。实行"一标多本"，让多种教材面向各自的"全体"，既能使全国大多数的学生达到课标的基本要求，又能

① 卡尔·马克思.简明资本论 [M].曾令先，卞彬，金永，译.成都：天地出版社，2018.

使较多的学生发展个性和特长。第二，面向现代化。教学内容要现代化，选取体现当代社会生活要求的课文。教学方式和手段也要现代化。第三，面向未来，建立具有中国特色的大学语文教材体系。

心理学原理。语文教材不同程度地渗透了心理学的相关原理。认知心理学主要以信息加工的观点来理解人的认知过程，注意培养学生的"元认知能力"，即一个人对他自己认识过程的认识和控制，帮助学生改善反省认知、问题解决的学习策略，以提高学习效率。创造心理学研究人们在创造过程中心理活动的特点和规律，认为人的创造能力既包含观察力、记忆力、思考力、想象力和实践能力等智力因素，也包含注意、兴趣、情感、意志、个性、气质等非智力因素。创造性思维既包含逻辑思维（归纳、演绎、类比），也包含非逻辑思维（联想、想象、直觉、灵感）等。语文教材注意培养学生的创造能力，因而也渗透了创造心理学的理论。有的语文教材中还能看到社会心理学、教育心理学、文艺心理学等心理学分支的影响。大学生正处于热情洋溢的青春期，他们的各种思维能力臻于成熟，具有探索和创造的欲望。语文教材内容的组织要顺应大学生的认知心理，既在他们的"最近发展区域"之内，又能够打破他们的心理平衡，培养他们的自组织能力，以利于培养他们的创造能力和创造精神。

方法论原理。系统论、信息论、控制论是现代方法论。编制语文教材也应借鉴和运用其基本原则。任何系统只有通过相互联系而成为整体结构才能发挥整体功能。教材编写者在总体构思上，把听、说、读、写和思维训练作为一个整体，把传授知识、教给方法、培养能力、养成习惯和发展智力作为一个整体，综合考虑，统筹安排，形成整体结构。教材编写者一方面在总体构思上殚精竭虑，另一方面把"单元"作为一个教学的基本单位，采用多种单元结构模式来优化单元的内部结构，使教材的内部结构趋于有序。根据信息论的观点，任何系统只有通过信息反馈，才能实现有效的控制，从而达到预期目的。语文教材把练习分成三至五个层次，使练习形成系列。这样，教学的状态及时得到调控，学生"当时知道结果"，正确的学习行为得到强化，而错误的学习行为则得以及时改正。从系统科学的方法中引申出来的教学原理，重要的一条是适应与转化，即"教"必须与"学"相适应，同时又要促进"学"的转化。

学科理论。语言学、文章学、文艺学、美学等学科理论对语文教材的编制具有直接的指导作用。语言学已成为包括语音学、语义学、词汇学、语法学、修辞学、语用学、语境学、语体学、社会语言学、应用语言学等众多分支的学科群。这些学科的研究成果对传授语言知识、培养语言能力可以提供科学的方法。广义的文章，从形式上说，是组成篇章的书面语言；从内容上说，是客观事物和主观情思的反映。狭义的文章，不包括诗词、小说、剧本等文学体裁，专指"实用的""非虚构的"作品。文章学研究的对象主要是狭义文章。课文中有许多典范的文章，从某种意义上讲，编制语文教材主要是对文章读写做出科学恰当的安排。语文教材中的文学作品具有运用语言的示范作用，也具有认识和审美的功能。受接受美学观点的启发，"预习提示""自读提示"把结论性提示改为启发性提示，提出问题或设置悬念，重在激发学习兴趣，唤起阅读动机，以利于培养学生独立的文学欣赏能力。语文美育研究启示我们：首先，要充分发挥语文教材的美育功能，使学生从阅读中获得美感，使语文课成为愉悦教育、成功教育的学科；其次，要充分利用课文，从多方面进行比较，能使学生明辨是非、洞察美丑，提高审美鉴赏能力。

此外，科学学、未来学、传播学、逻辑学、课程论、教学论等，对语文教材内容的确定及其各个系统的最佳组合也具有引导作用。

语文教材一般由以下六个系统组成：

课文系统。课文是指用来训练学生语文能力的范文（作品）。语文教材范文选材内容比较广泛，题材多种多样，篇幅一般比较短小，兼及古今中外，涉及哲学、政治、军事、经济、历史、地理、文学、美学等社会科学、自然科学方面的内容。按文体种类可分为文学作品、理论作品及各类应用文。如何安排文言文与现代文，实用文与文化著作、文学作品的关系，科学地确定几方面课文的比例，在我国还存在不小分歧，是尚待研究和解决的课题。

课文系统是教材的主体，有示例作用、凭借作用和信息传递作用。

知识系统。基础教育语文课程标准对各年级的知识种类和数量做了清晰的规定，而大学语文的知识范围还没有一个明确的界定。各种语文知识以分散的形式包含在课文中，或者出现在课文后的练习中。也有的教材是系统介绍，以附录的形式比较集中地出现在课文之后。大学语文教材中的知识有以下几类：语言知识、文学和文化知识以及方法论知识。这些知识作为一种基本文化素养和语文资源，其作用在于扩大学生的视野，提高语文能力，指导读、写、听、说语文实践活动。这些知识有助于提高语文能力，培养语文学习的习惯，但能力的提高、习惯的养成主要靠实践。

助读系统。"前言"或"说明"主要揭示教科书的编辑思想和编辑意图，帮助学生明确学习语文的目的，激发学生热爱祖国语言文字的感情和提高学习语文的兴趣，并让师生从整体上了解教科书的大体内容和基本结构、序列。单元学习要求或单元提示既提示了本单元的教学方向，又具体确定了本单元教材学习的目标、要求和重点，实际上是一单元教学的纲要和微型教学计划。课文教学重点或要求主要是提示一篇课文在单元教学中的目标、教学要求和重点。学习或预习提示、导语一般有三方面内容：一是简要提示与课文有关的背景和作者的写作意图，二是说明课文的某些教育教学价值，三是提示阅读方法。注释主要是对课文中疑难的问题做诠释，对相关资料做引述。"阅读方法与习惯"是指点学生阅读方法，培养学生阅读习惯的知识和要求。在教科书中引入教法、学法，反映了编者以学生发展为本的教学思想。

训练系统。语文教材的编者将读、写、听、说能力的训练分解为若干训练重点，按由易到难、由简到繁的顺序，有计划、有系统地安排练习题。总的原则是以课文为例子，尽量从课文中提取语言材料，注意把课文学习与言语训练密切结合起来，让学生在具体的语境中学习语文。

实践系统。这是结合现实生活或者跨越学科的综合性的语文实践活动，旨在培养学生发现问题、解决问题的能力和探索精神。一般是提出一个活动的主题，提供相关的材料或者指出搜集材料的方法，让学生分组讨论、研究，以求问题的解决，最后展示交流研究的成果。这项内容常安排在一两个单元之后。

附录系统。教材的附录一般是资料性的，主要供学生练习时查阅，同时兼有规范的作用。

二、语文教材的结构类型

语文教材要把选择的教学材料按照一定的顺序和线索来排列，不同的排列方式形成了语文教材不同的结构类型。不同的编排方式受一定的语文教育理念的制约，即使是同一种教育理念指导下的结构类型也不尽相同。例如，许多语文教材的编辑说明中都宣称自己的终极目的是通过学习提高学生的语文综合能力及人文素养，而其编写体例却有文学史、体裁、主题之不同。

从内容组织的线索和顺序来看有五种：

第一种，以史为序。把选文按照时间顺序排列，这种方式符合文学发展的史实，便于传授文学知识，有利于把握文学发展变化的规律。这是最早通行的编排方法，到现在也有许多教材采用这种方法。比如，杨建波主编的《大学语文》[①]以文学史的先后顺序为线索，分为中国古代文学、现当代文学、外国文学三个部分，每个部分由文学史概述和作品选组成，作品选又分为精读和泛读两个部分，最后为文学欣赏的基本理论及参考读物。编者的设想是：既给学生一条文学史的线索，也基于导学的目的，给学生一些文学阅读欣赏的基本规律和方法，以教材为例，以基本理论和基本规律带动教学，立足于学生迁移知识和创新知识能力的培养，让语文紧贴时代和生活。单元导学使教学内容系统化，引导学生以文化的眼光欣赏文学，通过文学载体解读体悟民族文化，以达到提升人文素质的目的。

第二种，以体裁为序。每一种文体都有特定的表达方式和富于个性的语言方式，一种文体集中安排，可以加强学习的效果，有利于学生掌握语言理解与运用的规律。吴廷玉的《新编大学语文》[②]按照抒情、状物、记叙、论理、说明和应用公文的顺序来安排材料，突出了语文能力训练，为提高学生的写作能力设计了具体实施路径。

第三种，以主题为序。把思想内容相近的作品不分体裁地编辑为一个教学单元。这种编法注重思想性，把对学生的思想教育放在第一位。这是现在比较流行的一种编法。苏新春主编的《大学语文读本》[③]从古今各国优秀文学作品中选取了五十四篇，按"自然神韵""精致器物""两情相依""家国情思""理想希望""礼仪天下""仁者之道""萌动青春""幽默人生"九个主题编排，每个主题包括六篇作品。

第四种，混合编法。也就是将《大学语文》[④]与《应用文写作》[⑤]两门课程的内容相加，这种教材也屡见不鲜。裘汉康主编的《大学语文》[⑥]，分为文学和写作上下两篇，把人文

① 杨建波，夏晓鸣 . 大学语文 [M]. 武汉：武汉大学出版社，2009.
② 吴廷玉 . 新编大学语文 [M]. 上海：同济大学出版社，2006.
③ 苏新春 . 大学语文读本 第 2 版 [M]. 北京：清华大学出版社，2018.
④ 杨建波，夏晓鸣 . 大学语文 [M]. 武汉：武汉大学出版社，2009.
⑤ 王开淮 . 应用文写作 [M]. 北京：北京理工大学出版社，2013.
⑥ 裘汉康 . 大学语文 [M]. 广州：广东高等教育出版社，2001.

素质与应用写作合为一体。胡忆肖、江少川主编的《大学语文》①由中外作品、写作知识、文学常识、古汉语常识等部分组成，明显表现出编者力图通过大学教育加强人文素质，提高学生写作能力的用心。

第五种，融合编法。这是一种将大学语文工具性、人文性和审美性的内容，按照思想主题、生命成长和语文能力训练等多种线索安排的一种结构方式。这种编排方式充分体现了语文学习综合性和实践性的特征，是大学语文教材编辑体例的一种有益的探索。沈琳主编的《大学语文》②设计了三个层面的内容。第一层面通过对部分中西文化典籍的介绍、一些著名社会学家和哲学家在中西文化融合的背景下对中国文化的阐释，使学生领略到中西文化的差异。第二层面以人生的少年、青年、中年及老年四个阶段精选文学作品，让学生从精神上感验、体悟生命发展的具体历程。第三层面编辑了语言运用的几种法规性文件，让学生了解写作的规范。选文按照主题编排，人文和审美教育体现在选文的阅读中，思维能力和写作能力的训练以阅读后思考练习的方式进行。这种编排体例可以丰富知识，加深学生对选文的思想内涵和审美特色的理解，拓展他们的文学视野。文选后的"提示"和"思考与练习"等皆以注重启发学生的思维、培养学生独立思考的技能为归旨。"提示"言简意赅，既有理性的阐释，又有感性的分析；既点出选文的精要所在，又给学生留有充分的思考空间。"思考与练习"在分析作品的基础上进一步提出相关问题，突出文本的重难点；所提问题侧重于培养学生在分析作品的基础上，将形象思维与理性批判紧密结合的能力。

从教材形制分合来看，还有分编型和合编型之分：

分编型的语文教材就是把所包含范文系统、知识系统和训练系统等要素的教材内容，分别编制成几种教科书。有的《大学语文》选文全为文学作品，有的则把教材的名字改为《高级汉语》，实际上属于分编的性质。有的把教材内容分别编成三种或三种以上的教科书：《写作》《文言读本》《现代文选读》《文学读本》《文学作品选读》《文化读本》《科技作品选读》等。分编型教材的优点是知识讲授的系统性较强，能力训练的目标也明确集中。缺点是范文系统、知识系统和作业系统之间，以及范文系统内部、知识系统内部各方面的知识和能力之间，难以处理好相互的联系和沟通。

合编型的语文教材就是把语文教材内容混合编制成一种教材。合编型也有不同的"合"法。有的按照文章发表的时间编排，比如，《古文观止》按照历史顺序，二百二十二篇文章从东周排到明末。也有的语文教材由清末的文章上溯到秦汉文章。古代的文选式教材一般采用这种编排方法。有的按照思想内容编排，古代著名的《四书》，朱熹就是按思想内容编排的："先读《大学》，以定其规范；次读《论语》，以立其根本；次读《孟子》，以观其发越；次读《中庸》，以求古人微妙处。"（《学规类编》卷五）这种类型课本的好处是加强了教材的"人文性"，缺点是忽视了对语言文字的把握，不利于训练学生的语文能力。有的按照文体编排，《昭明文选》就是这种结构的教材。优点是有利于训练学生记叙、说明、议论这三种最基本的表达方式，缺点是读写能力

---

① 胡忆肖，江少川 . 大学语文 [M]. 武汉：华中科技大学出版社，2002.
② 沈琳 . 大学语文 [M]. 北京：中国农业出版社，2006.

不能同步地受到训练。也有的以培养语文能力为序编排，又因在各项教材内容主次配合的不同而呈现出多种体例：或者以培养阅读能力为主，或者以培养写作能力为主，或者以学习方式为主。还有的选文以人文精神的各个逻辑命题：按爱国、爱情等来分类，或是以文学发展的脉络、文体的特征甚至作家的流派来组织。怎样更有利于学生接受？怎样更有利于学生人文素质的迅速提升？不论哪种编法，都应关注到学生语文学习的兴趣和需要，符合语文能力培养的规律，有利于学生自主学习，有利于深化范文学习内容的理解和迁移，引领学生拾级而上，逐步达到大学生应有的语文能力水平。

三、语文教材的功能

语文教材的功能具有多样性，学者们对此也是见仁见智。苏联学者认为，教材是最重要的教学手段，是教学过程中不可缺少的学习材料，它具有教育、教学和发展的作用；教科书可以全部或部分地实现教师的职能，是教育系统的信息模式，它体现具体的知识经验，并反映教学过程和教学方法。德国学者认为，教科书的功能可以归纳为：提供信息的功能——按照课程标准提供教材；引导的功能——组织教学，引导教学的程序；激发学习动机的功能——引发学习的兴趣；维持效果的功能——各种练习和应用可以巩固学习的知识和技能；协调的功能——教科书和其他教材的相互配合；合理化的功能——有了教科书在教学或自修时都能充分利用时间、控制时间，使用便利。法国学者认为，教科书是一种资料集；在文法领域中，教科书是一种习题全书；教科书以其艺术性的图文，促进学生兴趣的形成；教科书能填补其他教材的空隙，有助于完善学习。美国有的学者认为教科书已经成为教师让学生服从和强求的手段，无法体现不同学生的学习需要，而且教科书存在许多缺陷，它既不可能包括人类的所有经验，又无法跟上时代的步伐，也不可能保证永远正确，反而容易使学生盲听偏信。更糟糕的是，教科书是建立在班级集体教学制的基础上的，它使不同学生在同一起点起步并停留在同一水平线上，使优秀学生感到重复，使落伍者感到无望。教师对教科书的过分依赖既限制了学生学习的积极性，也扼杀了自己的创造性和进取心。也有学者持相反的意见：认为问题的核心不在于教科书本身，只批评教科书这个工具而不涉及其操作者——教师，是不公正的；教科书不可能也没必要容纳一切的知识信息；因为部分内容陈旧、有时传达错误的信息而抛弃教科书，无异于将婴儿连澡盆一起扔掉；教师可以尽量避免教科书中存在的问题，那种以为可以用视听教材完全取代教科书的设想是极不现实的。

我国学者通常认为，教材是教师教育学生的蓝本，也是师生进行教学互动必不可缺少的工具。它能提供丰富的阅读材料，营造自主学习的情境，促进学习方式的改变。在教学过程中学生通过课本能够学习系统的知识，能够启迪美好的情感，能够陶冶高尚的情操，能够让学生在学好本领的同时树立正确的、科学的价值观、人生观和世界观。

基于以上认识，大学语文教材具有下列五方面的功能：

第一，语言积累功能。充分吸纳众多的文字、词汇和各具神韵的语句就是语言积累。语言积累主要有两个途径：一是生活，二是阅读。从阅读中吸取和积累语言材料，是一条更重要的渠道。首先，优秀读物中的言语，是作者从生活中提炼出来并经过精心加工、精心组织起来的，尤其是优秀的文学作品，其言语的精确度和生动性、色彩和神韵，都是自然状态的言语所无法比拟的。从这样的读物中吸取和积累语言材料，对提高自身的语言修养大有裨益。其次，在优秀的读物中，还有一部分是历代传诵的诗文名篇，其中保留着大量含意深邃、富有表现力的语句。这些经过千锤百炼的语言瑰宝具有强大的生命力。吸取和积累这样的语言材料，对于提高学生言语的质量具有重要作用。语文教材往往以优秀选文为主体，学生对其中的精美篇章能熟读背诵，并在自觉积累的基础上创造性地加以运用，是学习语文的基本途径。

第二，能力历练功能。培养学生的阅读能力要通过阅读的实践来实现，即在阅读实践中培养阅读能力。语文教材中所选的各体各类课文，就是供学生运用各种读法来锻炼自己的阅读能力的。按教师的指点，十篇百篇地训练，学生能学会各种读法，阅读能力由此得到锻炼和提高。教材中的阅读课文也是写作历练的"凭借"。听话、说话能力，当然要靠平时的锻炼，靠课外随时留意；但对课文，师生常常要共同研读，共同讨论。这种在课堂上的口头表达和交流，无疑也是对听和说的最好历练。语文课本既是教本，更是"学本"和"练本"。语文教学要传递文化，培养能力，养成习惯，进行思想教育和情感陶冶等都离不开语文教材。特别是语文学科属于侧重技能、技巧培养的应用型学科，只有通过有计划的训练才能达到教育目标，凭借教材学，凭借教材练，对语文学科尤其重要。

第三，智德启迪功能。语文教材典范的语言作品反映出作者观察的敏锐、分析的精辟、推理的周密、想象的新奇、联想的丰富、表达的机智。多读这样的语言作品，学生的智力会受到启迪，品德会受到磨砺。语文教材在智德启迪方面的功能，是完成语文学科教学任务极其重要的因素。教学与人的发展是互相联系的。语文教材为学生语言的发展选择提供了充足的材料，使学生的语言不断从贫乏走向丰富，由幼稚走向成熟，由呆板走向生动。语文教材作为民族文化和民族精神的载体，它对学生的政治品质、思想品质、道德品质以及情感、意志、性格等个性心理品质的发展有着熏陶感染、潜移默化的作用。同时，语言和思维密不可分。语文教材的优秀作品都是运用语言的典范，是作家智力活动的结晶，因而也是开启学生思维大门的钥匙。语文是表情、达意、载道的工具，这就决定了学生在学习语文教材的过程中，离不开情、意、道的内容。语文教学中的教育功能主要是凭借教材得以实现的。

第四，知识扩展功能。这里所说的知识，不仅指语文知识，而且指社会的、自然的、人生的百科知识。语文教材在增加学生知识方面具有以下特征：一是丰富性与综合性，二是形象性与生动性。语文教材中的选文，无论是议政治、谈哲理，还是说史地，讲科学，大都讲究生动形象，讲究语言表达的感染力和震撼力。

第五，方法培养功能。课文是教学的例子，教学的过程就是要从这个例子中学习方法。比如，从文学作品中学习欣赏的方法，从论说文中学习思维的方法。从整体上说，语文学习就是要掌握语言表达的方法，搜集材料的方法乃至为人处世的方法。因此，语文教材也是学生精神成长的一种可靠的凭借。

语文教材的功能是由其内在的文化含量决定的，也是由其内在结构的各个因素根据先进理论的有机组合而发挥出来的。

第四节 大学语文教材的编制

教材是实现教学目标的重要载体，是教学的基本条件，也是保证人才培养质量的关键所在。语文教材是语文教育的一个机制，任何教学思想、教学主张、教学方式都是通过教材去实施的，没有好的语文教材一切都无从谈起。大学语文教学效果的好坏与教材的优劣紧密相关。所以，教材的问题是大学语文教育中的根本问题。而现在大学语文教材的编写又是意见纷呈、争议最多的一个问题。教材的编写涉及选择什么内容，如何组织编排，如何确定教材的量和度等。其中既有对课程定位、学科性质、教学目标的认识等理念方面的问题，也有编写者的学术视野、个人爱好、技术手段等方面的问题。这许多方面的问题需要专门的深入研究。笔者在这里只提一些编写的基本原则。

一、学术个性与社会要求和语文学科性质的统一

大学语文教材到底该如何编写？有强调人文性的，有强调工具性的，有强调审美性的，还有强调应用性、基础性的等，见仁见智，不一而足。同一门大学语文课程的教材内容存在着很大的差异，甚至一些基本的课程目标也很少有交集。这在其他学科简直是不可思议的。

例如，魏饴主编的《大学语文新编》（第 2 版）[①]，分成上、中、下三篇，分别培养学生的阅读能力、日常书面表达能力与口头表达能力。上篇是各类主题的文选，中篇是实用的应用文体，涉及商务、新闻、学术论文等文体。下篇则教导学生在交际、辩论、职业与事务各方面如何说话。从内容的篇幅上看，重点是教学生如何应对当代社会的各种场合、各种关系、各种新起的语境。而杨建波的《大学语文》[②]则以经典文学作品为中心建构编写框架，分为"中国古代思想文化""中国古代文学""中国现当代文学"三编，强调文化原典与文学经典的结合，注重优秀作品的审美感发作用。"中国古代思想文化"重点讲说儒、释、道三家文化和思想及其与中国文学的关联，帮助学生解决阅读古代文学作品时的文化隔膜问题；"古代文论"单元勾勒出一条中国古代文学批评的线索，以帮助学生提高文学理论水平和文学鉴赏能力。

比较上面两种教材，我们还能认识清楚大学语文的真实面目吗？还有的编者宣称自己的"教材在编写体例和选文上进行了全面的拓新：选文力图突破偏重知识性、工具性的局限，跳出民族文化、文学以及国粹的框架"。笔者真的不知道，经过这样的力图"突破"和"跳出"，大学语文还能剩下些什么东西？

①　魏饴. 大学语文新编 第 2 版 [M]. 北京：高等教育出版社，2017.

②　杨建波，夏晓鸣. 大学语文 [M]. 武汉：武汉大学出版社，2009.

　　一个人因为经历、专业、性格和追求的不同，长期的研究必然形成自己的学术个性。这是必然的，也是正常的。在编写语文教材的时候，合理、适度地发挥自己的学术个性可以增添教材的灵性。但是，学术个性不能无节制地泛滥。教材不是个人专著，它要给予学生的学科知识一般是学术界公认的，不同的意见要以学术争鸣的形式出现，编写大学语文教材要拿出自己的眼光而不能用来满足自己的个人爱好。大学语文课程培养出来的学生，他们的语文素养要适应社会的需要。如果无视社会的需要而一意孤行、盲目蛮干，那么，大学语文的地位真的是岌岌可危。大学语文的真正危机并不是社会不需要大学语文，而是大学语文远离了社会现实。

　　大学语文编选的内容要能够真正体现人文性和工具性的统一。有的教材过度凸显工具性，有的教材则过分夸饰其人文走向，忽略、轻视语文固有的工具性功能，有的教材则存在偏离和失却大学语文本色的状况，变成了文选的量的累积，极不利于大学语文课程的建设与发展。把工具性和人文性割裂开来、对立起来是对语文课程的绞杀。如果学生没有很强的语文能力，他的人文性如何体现？所谓人文的无用之用最终还是要用，这是一种精神的力量和灵魂的归宿。如果学生的人文性不鲜明，他的语文能力就失去了方向，没有了动力。语文的工具性和人文性割裂的教育必然导致培养出来的人是颓废的和无用的。所以，大学语文教材的编写者的学术个性必须与社会要求和语文学科的性质统一起来，语文教材在多元化的同时必须具有规范性。

二、教材内容与课程目标以及过程方法的统一

　　大学语文教材编辑的惯例是采用文选组合的基本范式，将来不论如何改革创新，大约还是要采用这种范式。因为这种编写体例符合语文学习的基本规律。任何从知识学习或者从规则学习的方法，都不如从优秀的作品学习效果好。悉心阅读典范作品，深入体验，这种语文学习的方式是大家公认的最为有效的方式。但是，以文选为基本范式的教材也有一些不足，从语文教学的角度考量，主要表现为教学目标不明朗和教学内容不确定，这是由选文内容和艺术含蓄蕴藉的多义性决定的。教学目标和教学内容在选文中是一种隐性存在，而不像其他课程那样在教材中得到了直接的表述。教学内容隐性存在的特点，使本应在教材中得到具体直观表现的语文教学目标也具有隐秘性，它深藏于承载教学内容的教材的结构整体之中。如果教材的编辑者再出于个人的爱好、学术见识的浅陋或者囿于语文教育理念的褊狭，他的选文就很可能使语文教学的目标悬浮、游离于教材之外。我们的选文要能够培植、发展大学生内心的价值追求并鼓励他们努力实践这种精神追求，促使他们对自身进行反思，努力追求生命的价值和意义，形成健全的理想人格。即使选文很好，在编排的时候也应巧做编排，在各篇独立的选文之间建立起内在的逻辑联系，形成一种思维的场域。在形式上这是一片"空白"，但这片"空白"包含巨大的张力，能够推动学生的思维，促进精神的成长，也有利于安排语文活动，训练学生的语文能力。在阅读中设计表达与交流活动，讲解阅读鉴赏理论，能提高学生鉴赏的品位和寻找解读方向的自觉性。在大量的阅读解决了"意"的问题后，再适时安排写作练习，从而使写作变得有话可说，有内容可写。比如，

设置阅读专题，从人文精神培育的角度设问，引领学生思考探究有关人文精神方面的问题。学生眼观古今中外，然后比较、分析、研究、交流，这样，关于人格修养的认识便越来越正确、深刻、坚定。在单元专题设计表达与交流活动，如文化专题研讨会、读书论坛、影视论坛等。开展专题表达与交流活动不仅顺应和满足大学生渴望展示交流的心理需求，也在活动中发展了学生的语文能力。每次表达与交流都是一次综合性的语文学习活动。在活动中，学生要听、说、读、写，要与人交往，其语文应用能力受到锻炼，从而为胜任未来的职业打牢语文基础。大学语文课应致力于培养学生高层次的语文能力，譬如，进行比较阅读或专题阅读，在此基础上提高演讲、讨论、辩论能力等。为主动阅读、主动探究注入强大动力，发展创造性思维与探究能力，养成互相切磋、合作学习的习惯。

教材内容与课程目标以及过程方法的统一实质上是大学语文内容结构的问题。一门学科的作用在于将"事实与价值融合"，价值研究应该建立在事实研究的基础上。反观大学语文课程建设，尽管我们赋予了大学语文课程较高的价值功能，但是忽视了对大学语文课程内容结构的研究，导致教材内容体系杂乱，选文盲目随意，学习者难以把握内在的学科结构，直接挫伤其学习热情。结构主义课程论强调课程内容应当是学科的基本结构，要具有学术化的特征。以工具性、人文性、审美性来定位大学语文的价值目标，注重理论性和实践性的有机结合，将阅读、书面表达、口头表达等几种能力的训练和培养融于一体而不是编在一起。教科书应有开放性，在合理安排基本课程内容的基础上，让学生用自己的方式解决文本、参与文本意义生成过程。沈琳主编的《大学语文》匠心独具，文化、文学、人生多层面架构，认知、欣赏、应用多条线索明暗并进，在该教材的文选部分，编者将文学的基础知识、基本理论与写作的具体实践有机融合，并有针对性地设计了一些思考题，使学生通过多读多思多练达到提高语文水平之目的。

三、不同层次大学的语文素养和学生专业个性的统一

被编入教材的每一篇选文都担负着一定的功能，有些选文以知识功能为主，有些选文以文学功能为主，有些选文以技能训练功能为主。不同的专业对学生语文技能、审美能力、人文素养等的要求并不完全相同，这也就意味着教材选文所要承担的主要功能应当有所差别。只有编写适合学生学习的教材选文，学生才会愿意学，学生的语文能力才会真正得到提高。好的教材应该是适用的教材。编写语文教材要注意共性和个性的统一。

不同层次不同专业学生的语文基础是有差别的，对学生语文素养目标的要求也有所不同，而且，大学语文的课时多少相差悬殊。因此，高职、不同层次的本科，理、工、农、医、财经、政法、外语、艺术、教育等各专业的大学语文教材应该分类编写。应当根据他们的基础水平、培养目标和教学计划安排合适的选文。一般情况下，理工科学生学习的选文难度较小，而人文学科学生学习的选文难度则会稍大。对各类文体安排的数量也应照顾到专业的性质，除文学作品外，应增加适合并促进专业理解和发展

的选文，如艺术类的师法自然、医学类的人道理想等。即使是文学作品，差别较大的专业对作品内容的选择也应有所侧重。各专业的人文精神具有独特的表现形式，思维方式也体现出鲜明的专业特征。语文教材应该以自己突出的感性色彩包孕和发展专业的个性，语文的所谓工具性正是在这个基础上才能够得以实现。

艺术类专业的学生相对来说语文基础比较薄弱，其教材选文在注重人文性的同时要加强工具性，同时还应与艺术相结合。教材选文要依据艺术类学生的需求，在培养学生人文素养的基础上应更多地注重培养学生的审美能力和语文基本技能。把音乐、美术、舞蹈、广播、影视、戏曲、文学、口才等内容适当地添进教材。选文结合艺术类专业的实际情况，可以增强学生的文学修养、培养学生的审美能力、拓宽学生的艺术视野、开发学生的思维潜能，从而提高学生的整体素质，以利于学生对艺术的理解和实践。

理工科的学生同文科类的学生相比有所不同，理工科的学生擅长抽象思维，善于事实性的阅读。理工科学生相对于文科学生来说，文学和哲学修养欠缺，艺术感受能力稍差，不善于评判性阅读和鉴赏性阅读。因此，教材编写者在入选文章时就要注意学生的这种情况，在选文编选上尽量减少文学的专业理论修养方面的内容，侧重于议论文、说明文，兼顾应用文和文学作品，并要编写一部分应用文写作方面的内容。只有这样的选文，才是适合理工科专业的学生学习的。

财经类专业的学生情况又不一样，他们毕业后主要从事的工作是经济实务操作和经济管理活动。他们要学习的文章，既要注重人文性、工具性这些语文教育所应有的共性，还要针对财经类专业所特有的个性。因此，在财经类教材中，应把古今中外反映不同时期的经济形势和经济理论的优秀经济文章，以及古今中外一些优秀企业及著名企业家的创业史、奋斗史、理财及经营技巧、管理经验等适当地选入教材。当然，这些选文应当是"语文"的，形象、生动、优美、感人。这样，学生就能把财经专业知识和专业技能与语文知识及语文技能有机结合，从而提高自己从事经济实务工作和经济管理工作乃至经济研究工作所需要的语文能力。

编写教材选文时还要充分考虑层次因素。这里的层次主要包括两方面：一是学校层次。学校层次不同，学生的语文水平会在整体上有一个梯度，对语文教材的要求也就不同，像一本、二本、高职、民办高校、专科这样不同层次的高校，语文教材选文必然应有所差异。二是学生语文基础水平层次。学生语文基础水平不同，对教材的需求也不一样。即便是同一所学校同一个班级学同一门专业的学生，其自身的语文基础水平也不一样，多数班级中学生的语文基础水平总会处于参差不齐的状况，教材选文编选应充分考虑学生自身文化底子的薄厚，选文要有难有易，以照顾不同层次学习水平的学生。我们可以按照学生语文水平和专业方向的不同编选出不同的大学语文教材，只有这样的选文，学生才会觉得编者是为自己量身定做的，才能激起他们的学习兴趣。

针对不同专业所选取的选文数量和难易也应该有一定差别。李漫天主编的针对政法、财经类大学适用的《大学语文》选文篇目才32篇，而徐中玉主编的全日制高校通用《大学语文》①（2001年版）选文篇目达到127篇。王志林主编的适合理工类大学的《大学语文》②，选文偏重于近现代文学作品，且选文的内容易懂好学。像曹雪芹《红楼梦》中的《宝玉挨打》、朱自清的《桨声灯影里的秦淮河》、徐志摩的《再别康桥》、周作人的《乌篷船》等，这些选文都是针对理工科学生的语文基础来编选的。而温儒敏主编的《高等语文》③是"一门适合当代大学生的、偏重语文素养培育的基础性课程"，其选文有骚体文章《离骚》、中国古代神秘文化《易经》、道家文化《庄子》、中国古代数学《穿地》《勾股》、古代军事文化《孙子兵法》等。尤其是教材中的研读材料更是深奥难懂，像张岱年论《易传》的哲学思想、任继愈论老子贵柔的辩证法思想、汉字书法与文学之美等一些内容深奥的文章。这些文章如果是给理工类及艺术类专业的大学生学习，可能有相当的难度。

分类别分层次编写教材，本质上是贯彻因材施教的教学思想，能更好地满足不同层次学生的不同语文教学需要。

四、多种选文内容比例的兼顾和协调的统一

因为语文课程内涵的丰富和外延的无限，可以作为语文教材的内容浩如烟海，常常让人感到顾此失彼。这种状况引起人们的争论，几十年间诉讼不断。争论的焦点集中在如何处理语体文与文言文、文学作品与实用文、现代题材与古代题材、中国与外国、时文与经典等关系，也就是各种内容选取比例的问题。

文言文当然要多选，中国传统文化的精华主要蕴含在文言文中。让学生了解、热爱和传承传统文化，最直接最有效的方式就是读文言文。文言文是宝贵的，其形式典雅、内涵丰富，是古人思想精髓的集结，中国的文明由它传承到我们手中。韩军说，"没有文言文，我们找不到回家的路"，④他这句话把文言文教学的重要地位阐释得很到位，只有认识到文言文的重要性，我们的一切文言文教学的探讨与交流才会有灵魂，有归宿。语文教学也才能找到自己的"根"。韩军虽然是针对基础教育课程中的语文来说的，但对于大学语文，文言文的比重还应该再加大，因为大学生对我们自己文化的理解要更深入，更广泛，而且要继承和发展。如果说中学语文教学"没有文言文，我们找不到回家的路"，那么，大学语文教育如果没有文言文，或者文言文的质和量存在欠缺，不但"找不到回家的路"，还找不到通向未来的路，眼前只会一片迷茫。人生在世，你不知道从哪里来，怎么能知道往哪里去？

大学语文教材应以我国文化经典为主。中国是有着悠久文明的国家。在世界几大古代文明中，中华文明是没有中断、延续发展至今的文明，已经有五千多年历史。我们的祖先在几千年前创造的文字至今仍在使用。两千多年前，中国就出现了诸子百家的盛况，老子、孔子、墨子等思想家上究天文、下穷地理，广泛探讨人与人、人与社会、

---

① 徐中玉.大学语文[M].上海：华东师范大学出版社，1981.
② 王志林.大学语文[M].武汉：武汉大学出版社，2002.
③ 温儒敏.高等语文[M].南京：江苏教育出版社，2003.
④ 韩军.大学语文[M].上海：华东师范大学出版社，2016.

人与自然关系的真谛，提出了博大精深的思想体系。他们提出的很多理念，如孝悌忠信、礼义廉耻、仁者爱人、与人为善、天人合一、道法自然、自强不息等，至今仍然深深影响着中国人的生活。中国人看待世界、看待社会、看待人生，有自己独特的价值体系。独特而悠久的精神世界，让中国人具有很强的民族自信心，也培育了以爱国主义为核心的民族精神。传统文化经典不仅是宝贵的思想资源，给我们以精神的力量并指示着前行的道路，而且，经过悠久岁月的洗练和孕育，它已经成为最纯粹、最丰富、最温暖、最具有生殖力的母语。一个人要寻找感情的慰藉怎能不回到母亲身边，一个民族要学习语言怎能远离自己的母语？

中国传统文化自有其独特而深刻的内涵，如重视个体道德修养、强烈的民族意识和社会责任感、"天人合一"的和谐意识等。通过对古代文学名篇的学习，可以加强学生对民族传统文化的了解，培养学生高尚的爱国情怀、无私的奉献精神、纯洁的道德品质和高雅的审美品位等。但是我们也应看到传统文化中的伦理道德本位思想和群体意识存在的负面作用。它过分强调伦理道德对人的影响和注重个人在群体中的义务、责任，而忽视了个人的存在，造成了个人主体的丧失和人性的萎缩。同时由于儒家文化对家族、国家的重视，而把眼光仅仅放在族群的现实利益上，却缺乏对整个人类命运的终极性关怀和形而上的思考。我们不要被"民族文化素质和提高本国语文阅读与表达能力"蒙住眼睛。只要看看我们民族的历史，就知道我们民族的文化是怎样容纳、吸收外民族的优秀文化而发展得博大精深的。如果我们现在真的拒绝吸纳外国有价值的东西，祖宗会笑话我们不争气的狭隘小气，而且，封闭自守下的"民族文化素质"恐怕会有些危险。再说"本国语文阅读与表达能力"不包括阅读外国作品吗？我们要失去对外国作品的批判能力吗？外国文化中有许多优秀的东西值得我们学习，特别是当代大学生，更要吸取一切人类文化的营养，培养开阔的世界视野。比如，西方文学是以个体为本位的，十分强调个体人格的独立和尊严，强调个体对生命价值的执着追求，常常"用有限的生命抗拒无限的困苦和磨难，在短促的一生中使生命最大限度地展现自身的价值，使它在抗争得最炽热的火点上闪耀出勇敢、智慧和进取精神的光华"。这种热爱生活，肯定和追求人的现世价值的积极乐观的人本思想，对我国传统文化是有益的必要的补充。

大学语文中要编选一定数量的文化论文。大学生一方面要以阅读文学和文化原典为主，同时要学习一定数量的文化论文。一方面是因为论文的概括性强、容量大，可以扩大学生的文化视野，提升文化品位。另一方面，学习文化论文可以锻炼大学生的逻辑思维能力，培养研究的精神。

五、关注现实和充满理想的统一

任何时代任何民族的语文都不可能脱离现实，都不应该无视人们所面临的重大而紧迫的社会问题。直面现实，关怀人生，勇于担当，这既是语文教育的基本精神，又是语文教育要实现的目标，更是语文学习最鲜活的动力。远离、漠视现实的语文要么枯萎，要么陈腐。大学语文教材要选择能够反映重大而紧迫的社会问题的文章。除此以外，教材还要引导大学生发现和研究社会人生问题，按照"初选课题—重选课题—制订计划—资料分析—调查研究—实验研究—论文撰写"等研究历程来编辑教材，让学生获得实践研究和学习语言的切身感受。

同时，理想是语文教育的灵魂、目标和动力，在语文教育中要高举理想主义的旗帜，语文教材是对学生实施语文教育的重要工具。语文教材应该贯注高贵的理想精神，它应该具有撼人心魄的力量，成为学生精神成长的向导和动力。衡量语文教育是否成功，就要看它是否培育起了学生的理想精神。有了高尚的理想才可能有正确的感情态度和价值观。若学生胸怀远大的理想并坚定地去为它奋斗，这样的语文教育就是成功的，反之，若学生理想迷乱、低俗或缺失，那语文教育就是失败的。

语文教材的内容，可以从道德理想、人格理想和社会理想三方面来展开。首先应关注和同情弱小者，憎恶强暴，济危扶困，追求自然和谐，概括起来就是善良——善心和良知。人格上应热爱和尊重生命，崇尚自由和创造。社会的理想要追求公正和进步，面向现实而又超越现实，通过对现实存在的审视、批判而指向理想的未来。我们所说的理想精神还包括培养学生的想象力和创新意识。当代大学生要善于从事实性问题展开推理和判断，要有很强的分析、判断和推理能力，具有独立、自由和创造的新人格。所以，大学语文教材要重视学生研究能力的培养。

这里所说的是教材的精神实质，从语文学科的特点出发，所选取的材料首先应是感性的，具有浓郁、强烈的抒情性，能打动学生。在这个层面之上，就是价值取向的问题了。在学生心灵的激荡中定位于正确的价值观。这样，理想才能真正成为学生的精神渴望，并激励学生在社会实践中去努力地实现它。

从整体上说，人类的理想存在于文化经典之中，那是一代代的人向往和智慧在实践中的结晶。从个体的人来说，人的理想发生于对现实的热情关注和充满诗意的想象。人的理想总是指向未来，它孕育于历史，诞生于现实，但又不会栖息于此，理想总是不知疲倦地向未来飞翔。这就决定了理想的实践性，离开了实践的"理想"只能算是幻想。在语文教育中，应把文化经典和现实生活结合起来，把人类的总体追求和个人的需要结合起来，把社会历史、人生现实和语文活动结合起来。特别是要关注现实，研究、批判现实，进而设计人类社会和个体人生的未来。语文教育的过程是一个精神的吸纳和创造的过程，在本质上具有实践性。它虽然生产不出物质成果，但它是严肃、纯粹的精神生产活动。理想的实践性在语文教育中表现为言语活动的过程性。

除上述原则外，大学语文教材的编写还不能偏离语文学科的基本性质，坚持做到在"立人"基础上的人文性和工具性的统一。从选文的具体篇目和教学目标的确定方面考虑，还应做到基础教育和高等教育的衔接和超越的统一。

作为已经具备高中语文知识积累、跨越了中学语文"语篇教育"阶段的大学生来说，他们已经有较好的知识结构，需要在更高层次上提升语言表达水平与人文情怀。大学语文教材与中学语文教材在要求上应该有较大不同。大学语文的"大"最直观地表现在选材上，同一篇作品大学老师可以比中小学教得多。语文教学目标的改善也是以选文的质量来做基础的。大学语文如何选择教学的材料，要从教学目标来考虑。比如，同是培养学生的阅读能力，基础教育主要是读文学作品，高等教育要能够读文化作品。同是读文学作品，大学要做出多角度的文化阐释，以培养学生文化批判和建设的能力。所以，大学语文选文不同于中学的短小和明澈，内容要走向浩瀚深邃，造就大学语文的"大学"品格。

第五节　大学语文教材的使用

一、树立能动的教材观

要高效率地使用语文教材，必须首先树立能动的语文教材观念，正确把握教材的本质。能动是人类特有的能力与活动，作为大学语文教师，更应该在尊重教材、使用教材的同时，自觉主动地创造性地组织教材。

长期以来，"教材即知识""课本即根本"的观念比较流行，认为教材内容必须是定论或某一领域公认的原理、法则，对教师的教学和学生的认识具有绝对的权威性。在这种观念的支配下，课本成为课堂的根本，教材成为教学的主宰，教师的教就是钻研教材内容、传递教材信息的过程，而学生的学也是围绕着感知、理解、记诵教材而展开的。教学从教材出发，最后又回归教材，导致教学过程的封闭、僵化、死板，师生沦为课本的附庸、教材的奴仆，完全失去了应有的主动性和灵活性。能动的语文教材观把教材看作是引导学生认知发展、生活学习、人格建构的一种范例。它不是学生必须完全接受的对象和内容，而是引起学生认知、分析、理解事物并进行反思、批判和建构意义的中介，是案例或范例。因此，它强调教材是学生发展的"文化中介"，是师生进行对话的"话题"。师生进行教学活动不是为了记住"话题"本身，而是为了通过"话题"这一中介进行交流，获得发展。

能动的教材观包含这样三个意思：第一，语文教材应是一种课程资源，是师生进行教学对话的工具。第二，要充分意识到教材的赋予性。教材不只是揭示真知、告诉结果，更要赋予方法、启迪思维、体验过程。教材应赋予学生通过自己的经验来构建知识的能力。第三，要充分意识到教材的案例性。应当把教材视为一种研究的对象，一种重要的教学载体，而不能把教材看成是对教学内容的限定。

现在有的教材形成了一个"群"，参考材料、现成的教案、测评的题目等包罗万象，乍看是老师想得很周全，可谓无微不至，似乎老师教学按照他们设计好的套路走就成了。但就是这样的规制却让教师无从着手施教，束缚了、限制了、减少了教师的体认和感悟，自作多情地剥夺了教师独立思考的权力，挤占了教师展开想象的空间。要知道，从本质上说，教学是一种创造，是一种认知实践活动，语文教学还是一种情感和精神活动。教师的体验和想象，即使再高明的人，又怎么能够代替得了？严格地说，大学语文教师是连查找一种教学资料都要自己动手的，遑论教学的设计。大学语文教师的主体地位不可动摇，教学主体的权利不可让渡。

二、坚持以学生为本

教学的起点和归宿都是学生，所以教学必须以学生为本。以学生为本就是拿教材来配学生，让教材来教学生，用教材来发展学生。

在大学语文教学中，以学生为本除了是教育学上的一般意义，还具有丰富的特殊意义。这些特殊意义主要是：第一，关注学生的精神成长。大学是学生人格的淬火阶段，大学语文担负着重要的任务。现在不少大学语文教材以人的生命成长的顺序和规律来编写教材，教师在运用教材施教的过程中要始终把促进学生的精神成长作为坚定不移的目标。内容的组织，教法的选择，都应当为实现这个育人的目标服务。第二，要以学生的心理现实为教学的逻辑起点。学生对什么感兴趣，他们渴望的是什么，教师心中要清楚。大学生心理现实和语文学科功能的交叉点，就是大学语文教学的起点。第三，切实培养学生的语文能力。大学生毕业就走上社会，因此迫切需要一种实际的从业技能。即使在读研究生，他们也需要有从事专业研究的能力。以学生为本，就要训练他们生存和发展的语文能力。第四，注重教学过程中的交往互动。教学中的交往互动不仅是一种教学的方式方法，还是学生能力形成、精神发展的途径。交往互动并不是简单问答的教学点缀，而是一种开放和生成的思想过程，应该鼓励学生就教材上的问题或与之相关的问题自由追问，应该推动学生积极地表达自己的观点。教学内容是"预设"的，更是"生成"的；学情是预估的，更是流动的。课堂上的学情在千变万化，教学内容也就需要在变化、流动的学情中随时调整。

三、胸怀再创造的热情

任何一个优秀的教师都必须胸怀创造的热情，语文教师更应该成为思想的播种人。他的思维不能懒惰，他的精神应该像一团燃烧的火焰。因为语文首先是一种生命现象，是一种精神追求的过程。要想教好语文，必要的条件是要具有创造的热情和创造的能力。

大学语文教学中的创造性表现在许多方面，或者说在语文教学过程的各个要素中都要注入创造的成分，笔者这里说的只是一些主要方面。

第一，要发掘教材中包含的教学目标，明确定位教学的目标。我们现在通行的教材是文选式的，教学目标包含在选文之中。我们知道，一种文本的内涵总是隐蔽的和多方面的。尽管语文教材的编辑者在编写说明和思考练习等地方，对教学目标做了提示和说明。但是，它在某一种文本中仍然是不明确的。教学首先要明确教学目标，所谓文本的多元解读也是奔向一个目标的。天女散花、四面出击的语文教学往往事倍功半。第二，处理教材时要有阔大的精神格局和精神气象，要有广阔的文化视野、深厚的人文关怀。在这方面，要具有整体观念和强大的综合能力。语文教材多是文选型的，一个大的弱点就是篇章内容相对独立和零散。善于处理教材的人往往能突破单篇教学的局限，在分析之后能够综合起来，把思想的火花撩拨成忘情燃烧的篝火，把个体的生活问题收拢指向人类共同面临的问题。从具体到抽象，从有限到无限，从扭曲到超越。

可以采用单元教学法或专题教学法，对教材进行重新整合和延展。第三，结合实际对教材内容适度增删，还可以引入课外相关内容对教材进行有益的补充，利用当地文化和专业材料活化教材。教师在教学实践中应结合学生的实际情况创造性地使用教材，"活"用教科书。若学生基础好，可依据近体性原则对教材中的内容或问题设计进行扩充或延伸，让学生的潜能得到最大限度的挖掘，从而达到课程标准的较高要求，反之，可依据学生的反馈信息对教材内容进行必要的置换或删除，让学生在力所能及的情况下展示自己的聪明才智，在原有基础上得到进一步的提高，充分发挥语文教材功能的生成性和教材内容的灵活性。

四、主动转化教材的内容

不少人将教材内容和教学内容等同起来，认为语文课本上有什么教师就教什么，这种认识是片面的。"学生可以借助于同一语文教材获得种种不同的内容，相同的内容则可以从种种不同的语文教材里学到。这个事实就表明语文教材和语文教学内容的不同。"教材仅仅是形成教学内容的一个"载体"，作为发挥实际作用的教学内容，其特性不同于教材内容。语文教材上的作品绝大多数不是专为语文教学而创作的，它不可能完全符合教学目标的规定，而语文教学要有明确的教学目标，而且要实现这个目标，教学中要围绕这个目标组织内容。教学内容与教材既有联系又有区别，教材内容是教学内容的重要来源，教学内容是对教材内容的重组与再生。

教材内容是以教科书的形式呈现出来的，它是对教学内容的某种预设，是教学内容的一个成分但远不是全部。语文教学的教学内容指教学过程中同师生发生交互作用、服务于教学目的达成的动态生成的素材及信息，是教师对静态教材内容多次进行教学处理的过程与结果。它既包括在教学中对现成教材内容的沿用，也包括教师对教材内容的"重构"——处理、加工、改编乃至增删、更换。教学内容不仅包括教材内容，还包括引导作用、动机作用、价值判断、规范概念等。教学内容具有静态的教材内容所无法包含的内涵，也隐藏着种种不确定性。教学内容是开放的、动态的。教学过程是教师、学生、教材、环境诸因素交互作用的"生态系统"。从教材内容到预设教学方案，再到课堂实施，其间经历了层层变革，最终形成了动态的教学内容。

再好的语文教材也不能照本宣科，教师必须实行有效的转化，把教材内容转化为教学内容，实现教材内容的教学化。在教学过程中，师生必须把语文教材内容与教学实际结合起来综合加工，一方面合理地利用教材教学，对教材内容进行选择、取舍、加工，选取的内容最好在学生的"最近发展区"，以学生心理水平为基础，又有发展性和启发性。另一方面，师生可以科学地加工教材，合理地组织教学过程。它不仅包括教材内容，还包括引导作用、动机作用、方法论指示、价值判断、规范概念等，以及师生在教学过程中的实际活动的全部，把知识的逻辑顺序和学生的心理顺序相结合，设计教学内容时必须考虑知识系统的内在逻辑体系和学生学习活动的内在认知规律的差异和顺序。

把教材内容转化为语文的教学内容有两个要点：一是把教材内容心理化，二是把教材内容实践化。语文教材的心理化是指要把教材的内容转变成学生能够感受和体验的对象，而且包含一个从感性认识到理性认识的完整的思维过程。这个过程是生成的，能够孕育感情、升华思想。心理化的内容明显的特征是具体、形象和持续、开放。教材内容的实践化是指要把教材内容转化为学生听、说、读、写的语文活动。实践化实际上是教材内容的内化，只有在连续多样的语文活动中教材内容才能被学生感受和体验，语文能力才能生成。教材内容的实践化表现为，一篇作品成了由师生、作者和世界多方参与的一场对话。在对话中运用语言，深刻认识社会和人生并指向一种价值追求。

五、寻找合适的教学方法

"教材无非是个例子"，教学一篇文章，要把课文放到学生知识、能力、人格的整体发展结构中考虑，从单元、全册乃至学段的整体高度出发来实施教学，做好语文教材的"开发"工作，充分发挥语文教材的整体功能，全面提高学生的语文素养。

一般来说，要找到合适的教学方法，必须首先明确教学目标，吃透教材，而对于大学语文来说，语文教师还要下更大的功夫，花更多的精力，因为大学语文是一个内涵极为丰富的小宇宙。王国维在《人间词话》中指出："诗人对宇宙人生，须入乎其内，又须出乎其外……入乎其内，故有生气；出乎其外，故有高致。"①教师钻研教材，要深入内容，入乎其内。因为入乎其内，才能和作者心相印，同呼吸，共命运，成为文本的知音。入乎其内，才能胸怀教材内容，做到未雨绸缪。具体来说，要吸纳学术界，包括语言学界、阅读学界、文艺学界、写作学界等领域成熟的学术成果，尤其是专家学者解读某篇教材的成果。在这样一个背景下，充分发挥自己的主观能动性，调动自己的学术积累和人生积累，通过对教材的再组织再创造，设计出一个有包容能孕育的教学过程。

最好的语文教学方法是知识、感情、精神和能力的融合，是内容、过程和方法的统一，它应该具有鲜明的开放性和生成性。在教学的过程中，我们要时刻记住夸美纽斯的话："任何一个教学过程都应当是有结果的"。

从可操作性上考虑，可以从以下三方面入手：

第一，纵横左右联系。社会万事万物是紧密联系的，语文教材中的每篇课文也不是孤立存在的。教学中，注意教材的纵向、横向联系，"左右逢源"，把单篇文章联系起来。这样做，有时是为了求得背景材料，有时是为了获取观点印证，有时是为了获取规律认识，不一而足。但其目的都是把具体的"一篇"看作"整体中的一篇"来教学，发挥教材的整体功能。这样做一是激发了学生的学习兴趣；二是增大了教学容量，训练了听说能力；三是拉近了与生活的距离，强化了语文与生活的联系。

第二，精心剪裁。语文教师在每篇文章的教学过程中总是企图把方方面面的知识、能力、人格、素养等都考虑到，都训练到。这只能让语文课背上沉重的包袱，什么都讲，却什么都搞不好。实践证明，只有对教材精心剪裁，才会有教学重点的集中凸显。但

---

① 王国维著. 人间词话 [M]. 武汉：长江文艺出版社，2017.

要注意：一是不能肢解和割裂教材，破坏整体美。二是必须以促进学生的发展为中心，利于培养学生的语文素养。三是要有系统观念，单元与单元之间、篇与篇之间要各有侧重，又互为照应。四是必须从学生实际需要出发，教学内容的剪裁要因人因班而异。总的原则是，面上不能泛，点上必须亮。语文教学像写小说一样，小说的生命在细节，语文教学内容的泛化必然导致语文教学意趣全无的骨感。

第三，寻求思路。教学思路即教师处理教材的思维轨迹，其实质就是考虑如何引导学生尽可能真切而深刻地领会文章的写作思路。教师的教学思路和作者的写作思路，虽有着千丝万缕的联系，但一个侧重于教，另一个侧重于写，不能混为一谈。有的教师仅着眼于文章结构，一层层一点点地剖析，从头解剖到尾，看似细致，但文章的灵气与神韵却被切割得荡然无存。学生到头来得到的不是亲切的体会，而是死记课本上的几个条条框框而已。叶圣陶先生说："能够引导学生把一篇文章的思路摸清楚，就是最好的语文老师。"①这个思路怎样引导呢？仅仅逐段平推显然不行。平推对那些演绎性强、结构简明的文章，还有些作用。但每篇文章一概用平推的办法，不仅学者生厌倦，教者都要感到索然无趣了。面对一篇篇文质兼美的文章，面对一双双渴求知识的眼睛，教师应当拿出处理教材的富有个性、充满智慧的"创意"，寻找到教学的最佳思路。阅读教学中的最佳思路应该是作者的创作思路、学生的认知思路、语文学科的内在逻辑和教师教学程序的统一。

语文教材的"开发"工作是一项具有创造性的工程，大至文章的谋篇布局，小至遣词造句的神妙，都有"学问"可做，或追根求源，或借题生发，或求其同异，充分"开发"课文潜在的训练能量，师生共同探究，共同创造。

---

① 叶圣陶. 叶圣陶语文教育论集 [M]. 北京：教育科学出版社，1980.

第六章　大学语文教学过程

第一节　教学的价值在于过程中的生成

一、过程哲学对语文教育的启示

一切事物都是在过程中诞生的，一切价值、意义也都存在于过程之中。离开过程，世界会变得虚无缥缈。作为生命现象的言语活动也必须在生命的过程中展开，语文教学的价值自然也是在教学的过程中生成的。轻视和忽略语文教育的过程是对学习主体理想精神的压抑和放逐。离开了过程性实践的语文教育无异于缘木求鱼。所以，研究语文教学最深入有效的途径是对语文教学过程的研究。笔者借助怀特海的过程哲学，对语文教育的过程做出哲学意义上的分析。

在本体论上，过程哲学坚持过程就是实在，实在就是过程，过程之外没有实际存在物。怀特海说："一个现实如何生成决定了现实是什么……其存在是由其生成决定的，这就是过程原则。"① 实际存在物是一个过程，这里存在着从状态到状态的生长，存在着整合与再整合的过程。这样一来，整个宇宙，包括自然、社会和人的生命，都是由各种实际存在物的发展过程所构成的一条历史轨迹。因此，只有过程哲学才能提供一个澄清的宇宙，在这种宇宙中，过程、动态的现实性、相互依存性是直接经验的基本材料。离开了对各种实际存在物生成过程的考察，我们的眼前便只有茫然和混沌。

在主客体的关系方面，过程哲学否认主客体的二元对立，主张主客体的对话与交融。现实世界中的所有实际存在物，相对于某种作为"主体"的既定实际存在物而言，必然要被那个主体"感受到"。任何东西只要在主体身上能够唤起某种特定的活动，就构成了认识的客体。客体是在认识的过程中生成的，是与主体现实地发生关系的客观对象。就是说，在认知过程实际发生之前，根本无所谓主体和客体之分，主体和客体是在实际存在物的相互作用过程中逐步生成的，主体与客体的关系以及主体对客体的认识也是一个逐步生成的过程。主客体是在过程中生成并"相遇"的。怀特海说："实际存在物的本性唯一地在于，它是某种正在被摄入的事物。"②

在对个体特征的认识上，过程哲学认为有机体的根本特征是活动，活动表现为过程，过程则是构成有机体各元素的持续的创造过程。它表明有机体的存在是一个生生

---

① 怀特海.教育的目的 [M].徐汝舟，译.北京：生活·读书·新知三联书店，2002.
② 同上。

不息的活动过程。过程之外无存在，世界就是无数个体的实际存在物的产生过程。每个个体都是由性质和关系所构成的有机体，是一种面向新颖性的创造性进展。怀特海认为：“每一种实际存在物都有其自身绝对的自我造就能力。”① 但是，这种自我造就能力是在主客体对话与交融的过程中得到认证的，除此之外没有别的途径。

教学的价值产生于过程。用怀特海的过程哲学可以更深刻地认识对话教学的价值，过程是事物存在的方式，是事物生成、转变和发展并走向目的的必经环节和途径。所以，“存在”在任何意义上都不能从“过程”中抽象出来。由此看来，教学过程就是学生和世界在对话过程中“相遇”并相互生成的过程。怀特海把教学过程分为浪漫想象、精确分析和综合运用三个环节，认为儿童时期主要是对实际存在物的浪漫想象，少年时期是对实际存在物的精确分析，青年时期则应走向综合运用。他是从学生不同的年龄阶段来说的，其实，每一个教学活动都应该包括这样的三个阶段。教育就应该是这样不断重复的循环周期，由浪漫想象、自由探索进入精确分析，然后走向综合运用。

语文教育是一种作为过程的存在，是许多因素相互关联、相互作用的有机体。这个过程具有生成性，也就是说，有机体在不断地发展变化。这是语文教育观念中最根本的蕴含。正如怀特海所认为的，“存在”的本质在于从资料到结果的转变，任何在某种意义上存在的事物都不可避免地卷入了“事物之流”。语文教育的意义就在于对过程的促进和发酵。语文教育的过程表现为活动的持续性、动态的现实性和主客体的相互依赖性。语文教育由此产生主体直接经验的生动的基本材料。思维正是起源于直接经验的情境，是实际经验的情境的性质引起主体的探究和反思。

语文教育是主客体呼唤和回应的双向交流的过程。主客体在交流中渗透、融合而结为一体。完成这项任务的是一种类似于磁场的存在，我们称之为“感受”。感受是一种心理体验和激发的过程，任何事物都因为“感受”才得以存在。怀特海说：“感受不能从包含着它的实际存在物中抽象出来。这种实际存在物叫作感受的‘主体’。正是借助于主体感受才成为一种事物。”这就是说，离开了感受，主客体便无法“相遇”，那么宇宙间存在的有机体就会分裂为孤立的碎片。

语文教育是学生精神成长的过程。精神包括心灵和智慧两方面的因素。它是通过对实际存在物的感受、推断来实现的。主体的精神受到实际存在物的启迪又反照于存在物。多方面的联系和沟通是产生感受的条件。心灵不是对自然的被动反映，而是人类采取赋予生活经验以意义的方式，积极解释和转变概念的能力。智慧也不仅仅是对知识的记忆，还更多地表现为对知识的掌握和运用的方式及其效益。语文教育是一种充满创造意味的精神探险的过程。在这个过程中，主客体逐渐融合，受教育者跟世界的关系日益广泛、深刻起来。

二、过程和方法在语文教育中的位置

语文教育的知识和能力、过程和方法、情感态度和价值观的三个目标联结为一个不可分割的有机整体，其中过程和方法的目标在这个有机体中占有十分重要的位置。

---

① 　怀特海 . 教育的目的 [M]. 徐汝舟，译 . 北京：生活·读书·新知三联书店，2002.

　　知识和能力的目标只有在具体的过程中，采用一定的方法才能够完成。知识的学习、理解和运用要经过一定的过程，能力的培养更离不开具体的过程。过程是由若干环节构成的，若干环节间的内在联系就是方法。没有任何知识的掌握和能力的形成能够离开过程和方法而凭空产生。知识是前人的认知成果，要学习、运用它，没有一个实在的过程怎么行？能力的获得要亲身实践，反复练习，没有具体的方法怎么进行？同样，情感态度和价值观目标的实现也离不开具体的过程和方法。情感的产生离不开实际存在物，情感是主客体之间深入交流的精神产物。即使是被他人的感情所感染，也存在一个主体与主体之间交流的过程，而且要真的被打动进而接受他人的感情，也一定需要对他人感情产生的根源有所了解，有所感受。一个人价值观的形成就更不容易，它要经由对客观事物的认知、感情的激发和灵魂的升华，最终，价值观还要由主体的实践行为体现出来。这就有一个如何认识客观事物，如何感悟和升华，如何支配自己的行为的问题。那种把自认为正确的情感态度和价值标准作为现成的结论传授给学生的看法是可笑的。任何观念都不可以强引灌输和被动地接受，哪怕是正确的。任何有意义的成长都发生在生命的内部。

　　在语文教育中，知识和能力、情感态度和价值观都存在于过程和方法之中。没有完备的过程和妥善的方法，它们将会游离和僵化，绝不可能内化为学生的生命力。过程和方法的缺失必然导致知识和能力、情感态度和价值观的虚浮，最终必然导致学生主体性的迷失。反过来看，过程和方法也不是一具空壳，它包含着具体、丰富的内容。语文教育的过程和方法就是学习知识、培养能力的过程和方法，就是养成良好的情感态度和崇高的价值观的过程和方法。过程和方法的每一个环节和步骤，它的对象、要素、动力、结果，都是由知识、能力、情感、价值观等因素构成的生命体。也就是说，过程和方法不可能离开知识和能力、情感态度和价值观而独立存在。知识和能力、情感态度和价值观也不可能离开过程和方法而获得。

　　过程之外没有存在物。世界存在于主客遇合、交融的过程之中，主体从客体受到启迪，客体被主体重新赋予生命，主客在遇合的过程中结合为一个和谐的整体，主体通过交融获得并壮大自己的生命。如果失去这样的过程，主客体之间、主体与主体之间都将是孤立的，彼此分割，没有联系，客体将黯然失色，主体也难以获得和保持自身的活力。语文教育中的每一个活动，都是这种意义上的认知活动。学生在过程中认知世界，发展自己。他们从自然界、人类社会、科学艺术中得到心灵的召唤，获取智慧的领悟，同时，他们也以自己心灵的阳光照射事物。教学生认识一个字，阅读一篇课文，其实质就是在认识一种事物，体验一段生活，让世界走进自己的心灵，让自己的心灵也融入世界。通过这样深入的对话和交流，世界敞亮起来，学生的生命也得到发展壮大。这个过程不是瞬间可以完成的，它包括一个心理的时空，包括物质和精神交织在一起后孕育出新的精神成果的各个环节。人们的认识，人们的精神活动，无法只需一步就从起点走到终点。人的认识是在具体的过程中完成的，人的生命也是在不断探索的过程中成长的。

　　方法存在于过程之中。在本质上，方法是主体与客体、主体与主体在过程中相互联结的一种方式。方法绝不仅仅是一种技术性的东西，它还是一种面向世界的态度，是一种思想的现实。比如，情景交融的写作方法，实质上是一种主客体融合的产物，是一种天人合一观念的反映。比如，从字词中品味作者的思想感情的方法，是在语言全息理念下指导的实践。比如，综合学习的方法，实际上反映了我们系统地看待事物的方式，也是事物真实的存在状态的反映。过程都是由具体的方法组成的，方法是过程的内容，许多目标一致的方法组成一个富有创造活力的过程。

一般来说，过程和方法具有四个特性，即实践性、流动性、发展性和综合性。实践性是说，任何过程和方法都是主体的实践活动，都要认知客观存在物，进行物质或精神的生产。流动性是说，过程和方法不是静止的，总是从一个环节指向另一个环节，总是从开端指向结果。发展性是指在过程的进行和方法的采用中，主体的结构必然发生变动，通过吸纳外界的信息，进行自身内部的重新组合而上升到一个新的水平。综合性是说任何过程和方法都不是单一的，它包括主客体两个系统中的要素，即过程和方法的目标、材料、动力、流程、结果等各环节要素。

语文教学过程是由一些可操作的具体的方法构成的。语文教学的方法不是单纯的技术问题，它受制于教学的内容和目标，是语文性质的反映，是师生思维的现实，甚至还能从一些方法上看待时代的影子和社会思潮的涛声。所以，对语文教学方法的研究在本质上是关于人的价值的追求。

"语文知识教学应区分不同的知识类型：对于'现象知识'应以体验为主要途径；对于缄默知识，采取以案例为主要形式的知识教学法；对于原理知识、程序性知识，采取以训练为主要行为方式的知识教学法。"学生的隐性知识资源是在生活实践中获得的，倘若学习情景和获得隐性知识的生活情景悬殊，运用隐性语文知识的迁移活动就极难产生。在两个相似的情境中，学习迁移更容易产生。教师要尽力创造适宜的课堂情境，调动学生的隐性知识资源，将其激发出来为学生所用。

第二节　语文教育过程的本质和节律

一、语文教育的过程和方法的特殊性

语文教育的过程和方法除了具有以上的一般特性之外，它还具有自己的特殊性，这就是开放性、关联性和回归性。语文教育是多个对象、多种层次、多种角度的对话。凡是世界上存在的、生活中遇到的、自己认识到的，都可以纳入到语文教育的过程和方法之中。这就造成了语文教育过程和方法的丰富多彩。语文教育过程和方法的封闭必将导致语文教育的单调、枯燥和僵死。参与到过程和方法中的种种要素紧密联系，相互作用。理解作品既是对作家的理解，也是对作品所表现的事物的理解。作文不仅仅是运用语言文字的问题，更是对事物、对社会、对世界认识的问题。事实、观点和意义之间、物质存在和精神生成之间都不是孤立的。主体与客体之间、主体与主体之间存在着多种多样的或明或暗的包含、孕育、催生等紧密联系。语文教育的过程和方法最终要指向作为学习主体的学生自身，完成生命内部的意义建构，实现精神和心灵的发展。人和世界的联系是自己建立起来的，而不是由别人代为确立的。人的心智也正是在过程和方法中发展起来的。

具体来说，语文教育的过程要经过体验、感悟、思考、表达等几个阶段。最基本的方法是观察、诵读、想象、探究、交流等几种。过程和方法是融合在一起的。语文学习研究的对象有两类：一是具体实在物，二是符号替代物。对于具体实在物可以直接感受，而对于符号替代物则需要通过想象转化为可以感受的具体实在物。敏锐的感知和体验是语文学习最为关键的一步，语文教育必须调动起学生的全部感官，用眼睛观察，用耳朵倾听，用舌头品尝，用鼻子嗅，用手触摸，用整个身体来感受、来体验，这样，事物便和生命融为一体了。就是那一行行的文字也都成了鼻息撩人、光彩闪烁、温情流动的有生命的存在。文字和事物通过学生的体验，经由联想，才可以进入人的灵魂并在灵魂里面升腾飞翔。要能够身有所感，心有所思，情摇神荡，这才能进入思考和研究的阶段。在思考和研究中想象是极为重要的，这里的想象已不同于前一阶段中感性化的想象，这一阶段虽然不排除形象，但主要是抽象和概括，是寻找联系和获得发现。它包括三个要素：一是接触实际，明了真实的存在。二是把握事物的本性，从事物的原因去解释事物。三是寻找事物之间的联系，促进运用。要获得对事物的真正理解，就要开启悟性，独立思考。了解了事物，弄清了事物的根源，形成了自己的真知灼见，那么，语文学习也就具有了生命，拥有了灵魂。最后一个阶段是表达和交流，表达和交流是语文教育的高级阶段。要把知识转化成自己所理解的东西，要和实际接触，要运用主体的思考力，并形成自己的意见。切不可用别人的眼睛来取代自己的眼睛，用别人的头脑来取代自己的头脑。必须自己研究事物本身，发出属于自己的声音。这样，学习主体在表达和交流中跟世界建立起联系，同时又在日益广泛深刻的联系中丰富和提高自己。

语文教育过程和方法的目标具有两重意义：一是它本身是教育的目标，二是它还是实现目标的途径，具有重要的发展功能。正确的方法能发展人，错误的方法能扼杀人。我们所说的体验、想象、表达的学习方法是自主的，它注重刺激学生的内部生长机制，能够解放和激发学生的创造性。由这样的方法构成的学习过程必定是充满生机的。学生置身于这样的学习过程，必然心灵自由、思维活跃，语文学习就成了人的本质力量的快乐的游戏。

二、语文教育过程的要素和特征

语文教育过程的要素。从过程的要素入手来分析语文教育是最基础的一步。语文教育的过程包括三个主体要素和一个关联要素，主体要素是学生、教材和教师，关联要素是三个主体要素之间的相互关系。过程的这四个要素共同构成语文教育的有机体。

学生。学生作为一种心灵化的存在物，是教育过程中最基本、最活跃的因素。它既是教育的出发点也是教育的归宿，是过程和目标的统一体。学生感受、体验教材，学生的"心智绝不是被动的，它是一种永不休止的活动，灵敏、富有接受性的，对刺激反应快。你不可能推迟它的生命，当你使它锋利了的时候才有生命"。心灵是一个参与者而不是参观者，学生在语文教育的过程中自我发展。

教材。教材是宇宙的一个镜像，是被意识了的实际存在物。实际存在物可以分为实体存在物和概念存在物两类。实体存在物是指具有形体的存在，它广泛地存在于自然界和人类社会。概念存在物是指符号化了的存在，如文学艺术作品。语文教材既包括概念存在物，也包括实体存在物，实体存在物和概念存在物经由学生的感受等一系列精神活动而相互转化。学生通过学习教材而感知世界。语文教育就是学生和世界建立起广泛的联系并逐步深化的过程。教材提供认识的对象，发出呼唤。教材不是机械的冷冰冰的东西，它有巨大的潜能，它以蕴含的丰富信息走进主体并打破主体图式的平衡，促进主体形成张力，寻求发展。主体以积极响应的精神态度接纳教材，经过接受、发现、同化，最终达到主客一体的沟通和交融。

教师。在过程要素中，语文教师的存在有两种意义：一是作为教材的存在，二是作为关联的存在，语文教师的这种二重性决定了他的重要性和复杂性。作为教材是指文化蕴含丰富的语文教师本身就是活跃的课程，是教材的重要组成部分。语文教师对教材的解读、对课程的组织以及他自身都是积极的文化性的实际存在物。作为关联的存在是指语文教师在学生和世界这两个实际存在物之中充当中介人的角色，在实体存在物和概念实存物之间起到重要的沟通和转化作用。特别重要的是，教师的人格、思想等精神力量在主客体的融合过程中起到重要的指示和促进作用。他亲手打开存在之门，把自己思想之光照射进去，使学生对世界的感受得到催化和烛照。教师不是主客体之间的一堵墙，也不是一座桥，严格地说，是从桥上跑过去的过程。语文教师工作的价值在于他的过程性的存在，教师的感受与学生的感受不是代替，也不是重合，而是引发和催生。

关联。过程中各要素之间的关联紧密又频繁，而且各要素之间的关联方式直接决定着各要素效能的发挥。这就是说，关系决定存在，实际存在物的价值不能自我确证，而是在相互关联的过程中实现确证的。对话、交流、融合、催生，是语文教育各要素关联的本质属性。具体来说，学生、教师和教材是三位一体的，三者通过对话交流融合而生长，其中学生的生长是核心目标，它在各种关联中起着决定作用。教师在整个过程中都处于隐性地位，语文教材是实际存在物与概念存在物之间转化和结合的标本，它若隐若现。它们在学生和世界相知之后退出这个动态系统，留下的只是一个精神化的符号存在物，魂在而形逝。

语文教育过程的特征。语文教育过程是借助语言对世界的认知过程，是学生在言语中自我组织的过程，它具有十分突出的个性特征。语文教育过程的特征可以概括为开放性、关联性和回归性。

过程的开放性。在语文教育过程中，主客体都表现出开放的特性，而且是双向对流的。主体的开放表现为学生心灵的接纳性，客体的开放表现为实际存在物的启示性。世界以无数的实在之物显现在我们面前，学生以独特的感受和独立的思想参与到语文教育过程之中，因此，客体的启示和主体的接纳、交集形成一个多重的对话领域，它的情形如火种与木柴的相遇，如两条江河的交融或对流。主客体任何一方的关闭都意味着语文教育过程的中止。从过程哲学来看，过程的中止便意味着实际存在物意义的丧失。教师的开放性表现为把教材和学生往同一个场域的集中和投放，教师不能束缚任何一方，而是只能打开、聚集，使主客体共存于一个统一体中。

过程的关联性。关联性是指对观点和意义之间联系的不断寻求，并考虑历史文化背景与关联情景的感知方式之间的联系，各种实际存在物之间都不是孤立的和封闭的。关联就是不断地寻求，不断地探索，发现事物之间的联系。这种联系主要是内在的精神上的联系，主要的有：各存在物之间的联系，每一种存在物内外之间的联系，存在物在不同时空中所具有的意义的联系，对实际存在物的千差万别的感受方式及其结果的联系，实体存在物和概念存在物之间的联系。所有这些联系都可以归结为主客体之间的联系。这种联系是具有历史文化性的存在，是无限丰富的心灵之间架起的彩桥。关联在本质上表现为实存、观点和意义之间的联系。

过程回归性。回归性是语文教育过程中最具价值的终结性的特征。如果说开放和关联是以主体的心灵为起源往四面八方的无数实际存在物发散，那么，回归则是从实际存在物向主体心灵的收拢。回归是经验的反思、意义的重构和整个机体的转变。回归的价值在于：主体跟世界的联系是自己建立起来的，而不是别人建立起来的；主体跟世界的联系靠的是感受而不仅仅是对世界的记忆；主体跟世界的联系是积极的重组、整合和创建，而不是单向的孤立的储存。回归使得主体拥有世界，融入世界。回归性是语文教育的目的之所在。语文教育最终要回到主体自身，通过对实际存在物的选择、感受、解释，完成意义的建构。

三、语文教育过程的本质和节律

语文教育过程的本质。语文教育的过程是丰富多彩的，学生、教材和教师的不同都使得每一个过程显示出鲜明的个性。但是不同个性的过程在本质上是一致的，即都具有实践和创造的本质特征。

过程的实践性。实践是指主体与实际存在物的亲密接触，主体感受客体并达到二者的和谐统一。语文教育的实践表现为紧密相连的两个阶段或形式，即认识和表达。认识是感受，表达是理解。认识是表达的前提，表达是认识的深化。认识和表达结合促进主客体之间广泛深刻的联系。在语文的实践中，认识侧重于感性的把握，而表达中则渗入了理性的思辨。

过程的创造性。语文教育的创造是指发现实际存在物之间的联系及其价值。创造重点在于物质存在和精神存在之间的转化，在于想象、判断和推理，在于主客体及其各种感受之间的沟通。教育的价值在于发展和创新。"最重要的是，我们必须警惕缺乏活力的死板概念，也就是未经思考，没有经验的，对观念囫囵吞枣式的接受。"[①]怀特海把只会记住概念而不会感受和思考的人称作"名存实亡的人"。他说："信息的碎片与

---

① 怀特海.教育的目的 [M].徐汝舟，译.北京：生活·读书·新知三联书店，2002.

这种教育完全是两码事……一个仅由信息装备起来的人是世界上最无用的。"①语文教育"是思想的活动和对美及人类感情的接受"。这种接受应该是自我生成性的，经过对实际存在物的感受、转变、多重解释，达到理解并最终实现意义的建构。

实践和创造是融为一体的，创造是在实践中的创造，实践也是创造意义上的实践。把实践和创造联系在一起的是主体的精神自由。离开了主体的精神自由，实践和创造都将是不可能的事情。

语文教育过程的节律。过程的节律是语文教育中最具有实践意义的一个问题。语文教育的过程是通过节律展开的，过程的要素、特征和本质也是经由节律才得以参与到过程中并在过程中体现的。我们从长度、环节、动力和中介四方面来讨论语文教育过程的节律。

过程的长度。语文教育过程的长度不是物理方面的时空量，而是一种心理的时空量。长度的标志是完成一个从物质存在到精神存在的转化以及主体间感受的沟通。要经过对实际存在物的接触、感受到理解和表达，从实际经验情境的感受到超越实际经验情境的探究和反思。这是一个人的精神不断壮大的历程。在具体的语文学习活动中，常常表现为从材料到观点，再到表达出来的一个完整的过程，这个过程是语文教育最基本的单位。无数的基本单位联结成为一个人精神生命的成长史。过程长度的压缩和删减是对语文教育及主体精神的压抑和扭曲。

过程的环节。环节有两个层面上的意义，从历时的层面上说，语文教育要经过浪漫想象、精确分析和综合运用三个环节。儿童时期主要是对实际存在物的浪漫想象，指的是事物未以清晰的结构呈现，而以混沌的面目出现在学习者面前，学习是通过想象等浪漫的方式进行的。少年时期是对实际存在物的精确分析，即对浪漫阶段已经存在于头脑中的活跃而混乱的思想进行有序排列的阶段，同时，它需要不断地补充新的知识，以促进对原有知识的认识，对浪漫阶段的一般内容做出揭示和分析。所谓精确分析是相对于浪漫想象而言的，如果跟数理上的精确分析相比较，语文教育中的"精确分析"仍然是模糊的，这是因为它无法进行定量的分析。青年时期则应走向综合运用。再从共时的层面上看，语文教育必须经过感受、理解和运用这三个环节。无论历时层面还是共时层面，它们都绝不是各自独立、从一个环节跳到另一个环节的，而是相互交融和包含的，它们之间是渐变式的关系。怀特海认为，每一堂课，每一门学科，甚至人的一生，都是由这三个阶段不断交错重叠着的，教育就应该是这样一种不断重复的循环周期。

过程的动力。主客体之间的融合为什么是可能的？这个过程的动力是什么？从表面上来看是由于实际存在物的不同个性的相互作用，就像温度的传递和水的流动。更深层的原因则在于主体：主体的欲望、认识事物的天性，但更重要的是在这个基础上以历史文化培育出来的主体精神，其核心的因素是理想和信仰。主体精神把分散的实际存在物统一于一个有机体内，并以自己的光照发现实际存在物的本性——从物质存在到精神存在的转化。

---

① 怀特海.教育的目的 [M].徐汝舟，译.北京：生活·读书·新知三联书店，2002.

过程的中介。中介是一种实际存在向另一种实际存在转化的中介，具有联结和沟通的功能。中介普遍存在于无数的实际存在物之间，把世界联结成为一个系统或整体。失去中介的世界将是零碎的，甚至可以说，完全离开中介的实际存在物是没有意义的。语文教育过程的中介是语言，它把物质存在和精神存在联系在一起。与物理性的中介相比，语言中介具有两重性，它除了具有联结和沟通的作用外，它本身还具有极大的潜能，它自身就是物质存在和精神存在相结合的产物。在物质存在和精神存在的联结中，它还发挥着促进、转化的重要作用，而物理性的中介仅有传导而没有转化功能。

语言是天地万物的言说，万物以语言的方式向主体敞开，而主体也是以语言的方式来感受万物的。语言是有生命的，语文教育过程的转化表现为语言的流动。语言的转化功能还有更进一步的意义，就是实现实体存在物和概念存在物的转换。在这个意义上，语言不仅是语文教育过程的中介，还是语文教育过程的材料和动力。

虽然说世界存在于语言中，人存在于语言中，但语文教育的终极境界还是要超越，要达到物质和精神、个体和世界、躯体和心灵的高度统一。

第三节　大学语文教育的生态系统

大学语文是一个结构庞大的生态系统，盲人摸象式的局部确认是对整体的歪曲，必然导致对大学语文教育生命的扼杀。大学语文教育的路径跟大学语文一样复杂，我们以生态学的观点来分析它，希望借此看清目标并找到一条清晰、切实的教育路径。如果能够在认清大学语文教育的结构组分、能量传递网络的基础上考察大学语文教育，那么，它的教育路径也许就会清晰地在我们面前延伸。

一、生态学的基本原理

生态学是一门"研究有机体或有机群体与其周围环境的关系的科学"。研究的对象分为个体、种群、群落和生态系统四个层次。在一个生态系统中，所有的生物组成多个生物群，各种生物群之间通过能量流动和物质循环构成相互影响、相互制约的统一整体。自然界生态系统的组成包括非生物的物质或能量、生产者、消费者和分解者四个部分。各部分之间最本质的联系是通过营养来实现的，或者说，生物与环境间，生物与生物间的密切联系是通过食物链的能量流动来实现的。自然生态系统的能量流动是单向的并且是逐级递减的，因而往往呈现金字塔状。

自然界生态系统的基本规律是相互依存与相互制约、物质循环转化与再生、物质输入输出的动态平衡、相互适应与补偿的协同进化。在整个生态系统中没有所谓的单个独立存在物，它们完全是联系的和共生的。生态学的基本精神是综合、联系、平衡。

在生态学看来，"世界是由关系网络组成的有机整体，现实中的一切单位都是内在的联系着的，所有单位或个体都是由关系构成的。在这个整体中，作为关系者的事物和事物间的关系都是真实地存在着的，任何一物的变化必然引起这些复杂关系网络的变化。这种相互包含的关系是一种内在的有机联系，而不是实体与实体之间机械的外在相互联系"。"生态智慧可以应用于教育研究，生态思维模式本身更贴近教育形态。"①1976 年，劳伦斯·克雷明运用生态学原理与方法研究教育现象，把教育与生态环境联系起来，这标志着生态学从纯粹的生物学研究踏上了与人文学科融会贯通的新道路。但这时多是宏观的教育生态研究，主要是从整体上探究教育与社会、文化的互动。近年来，有人把生态学原理运用于教学，认为"从生态学的角度研究教学问题是一个新的视角。目前有关生态学的研究立场、视角、原理、方法，也同样适用于教学问题的研究"。②

二、大学语文教育生态结构的特征

第一，大学语文生态组分的生殖性。

在自然界，一个种群要达到一定的数量才能保证该物种的稳定生存，不少物种因为数量的减少而消亡或趋于消亡。所谓生态危机正是由此产生的。大学语文教育系统的构成因素是无限的。也许有人认为汉字的数量是有限的，但一个汉字有多种含义，每一种含义又随着人们生活的变化，通过比喻、引申等方式快速生殖；汉字的构词能力极强，每个词在无数具体的语境中繁衍的意项能够包罗万事万物。语文的外延与生活的外延相等，世界上一切已经存在和可能存在的，凡是人可以意识到的，都可以作为也必定会成为语文的构成因素。

大学语文教育研究最为困难的大约就是它的构成因素实在太过庞杂，以至于有种置身于无边的海洋而无力泅渡的沉溺感。如果从生态学的观点来考察大学语文教育系统，它的组分结构和功能结构就会逐渐清晰起来。大学语文不可穷尽的构成因素可以归属于四个大的群落，或者说，大学语文生态系统有四种组分：文字、文化、存在、生命。

汉字以简单的笔画描绘出了事物的特征，是作为主体的人对事物细致观察和准确把握的写照，是一种充满诗性的认知活动的结晶，里面储存着丰富的生命热量。在源远流长的汉文化的背景下，每一个汉字都布满了历史的脚印，充盈着真实生命的鲜活的呼吸。文字是人类最重要的交际工具。"交际"是主体与客体之间、主体与主体之间的对话和交流。客体一旦进入主体的视野，它就不再是纯客观的了，特别是在人文领域，客体往往映现出主体的本质力量的光辉；而主体是文化孕育出来的精神的载体，主体之间的交际无不显示出人的本质力量的对话性。"交际"在本质上是一种深刻的生成性的文化活动。汉字是文化的载体，又孕育着文化精神。

语文教育意义上的存在泛指各种事物或现象。从类别上可分为自然界的一切景物和人类社会的人物和事件、组织和思潮、文化和文明。不仅有现实生活，还有历史典

① 朱小蔓，刘贵华.功能·环境·制度——基于生态理念的现代学校制度建设 [J].华东师范大学学报（教育科学版），2006（2）：1-7, 17.

② 劳伦斯·A.克雷明.教育新视野 公共教育 [M].宇文利，译.北京：中国人民大学出版社，2016.

籍——大学语文学习过程中接触最多的正是各种言语文献，既有物质形态的，也有精神观念的。存在在语文系统中绝不是纯粹物质的，它更是心理的和经验的，文字中的存在是前人经历过的世界，感受过的世界。阅读文字必须要跟自己的经验世界联系起来，合为一个属我的精神世界。一切存在物都是语文的来源、对象和动力；在心灵力量的作用下，一切存在都转化为高贵的生命精神，最终达到"天地万物以为心"的境界。

因此，大学语文各生态组分不仅互相依存、互相映射，还互相激发和催生，共同构成一个辽阔、蓬勃的心灵牧场，由此孕育和发展人的主体精神。

第二，大学语文生态结构的环流性。

自然生态结构呈现金字塔的形状。处于金字塔底部的是能够吸收太阳能并制造营养物质的绿色植物，站在塔尖上的动物通常是肉食性的大型猛兽和我们人类。在这种生态结构中，一个生物群落的生存是以蚕食另一个生物群落为基础的，即使相同相近的物种也常因利用同一资源而厮杀。"大鱼吃小鱼，小鱼吃虾米，虾米吃浮游生物，浮游生物吃绿藻"以及"一山不能居二虎"，就形象地揭示出自然界生态结构的层级性及吃与被吃的生存原则。

大学语文中的文字、文化、存在、生命四种组分不是金字塔的结构，而是互相交叉渗透、呈双向奔流的环状分布的四个生态圈。它们之间完全不是自然生态中吃与被吃的关系，恰恰相反，它们之间是互利共生的孕育关系。

语言就是我们存在的世界。语言为人类从混沌的宇宙中扩延到存在论意义上的领域。语言的存在方式首要的是对在场和现实的记忆和描述，它带着生命的体温和灵魂的印痕，保持了一个民族对生活当中最核心、最本质部分的体验。语言诱导我们深入生活、体验生活的肌肤之痛，使我们不再做一个俯视者和旁观者，而是真正融入其中，让世界的风景扑入我们的眼帘，让生活中的激流在我们的血管里奔涌呼啸。人正是通过语言才跟生存的世界建立起了深刻而又广泛的联系。文化是一种精神力量，是一种价值取向，是人类不屈不挠走向文明的悲壮的过程以及在这个过程中产生的辉煌的成果，是文化使我们的精神站立起来。我们对文字的阅读和理解总是在主体精神的策动下向文化的底蕴挺进，寻找、感受和吸纳文字所建立的形象背后的文化精神。真正意义上的言说，是具有主体性的人跟世界的对话。而且，人的精神是在这种对话中成长的，语文能力也是在这种对话中形成和发展起来的。

大学语文各组分环流、奔腾，组成络绎缤纷的人类文明进步的文化景观。我们由此深深地理解民族以及人类的历史和现状并展望未来，为自己及社会设计一个理想的蓝图，并为之努力奋斗。

跟自然界所有生态系统一样，大学语文生态系统中的每一个组分都必须吸取能量才能维持自身，同时，它也要生产能量传递给别的组分。各组分通过能量不断有效地传递，共同发挥结构系统整体功能。

第三，大学语文生态系统能量传递的可逆性。

在自然生态系统中，生物组分之间的能量传递关系错综复杂，但能量传递的基本形式是一种生物以另一种生物为食，从而形成一个以食物连接起来的能量传递的连锁关系。它们通过一系列的吃与被吃的关系把彼此紧密地联系起来。生物间的能量传递意味着食物链中一种生物的消失，就是说，这种能量的传递是单向的、不可逆的。

而大学语文组分的能量传递是双向的、可逆的，能量传递绝不是以一个"种群"的消失为代价，不是像自然生态一样组分能量传递的一级级减少。相反，在每一级能量传递的过程中，能量还可以再生，也就是说，大学语文组分能量的传递具有生成性。比如，文字在一代代人的运用中积淀出丰厚的文化蕴含，这使字义变得丰富，字的能量因此成倍扩大。每一个人在使用字词的时候，又总是表达自己的思想认识，赋予字词鲜明的个体色彩。人在使用语言的过程中接受文化的洗礼，养育文化精神，而富有崇高文化精神的人又赋予语言以生命的光彩。一个人言语的内容和方式在本质上是他生命的现实，精神的高度决定着言语的高度。语文活动实质上是一种深刻的生命活动。文采即生命的光彩，华章映射出精神的光辉。口若悬河、下笔如神是思维的奔涌不息。学生了解他们生存的这个世界，认识自然和社会，洞察历史和现实，理解个体生命在世界中的真实存在及意义；用高贵的心灵之光去反观、照射这个世界上一切现存的事物，以自己丰富、强健的想象力实现对现实的超越。

大学语文组分的重要特性是生产者、消费者和分解者的合一，它们同时具有三种功能。这并不是说每一个组分自身是生产者、消费者和分解者封闭的内循环，恰恰相反，它们都是开放的、耗散的。它们不是生物体内物理能或化学能的传递，而是信息的传递——认知的智慧和情感的因素以及价值的判断。人的生命是在跟世界建立起来的关系中显示其自身价值的。从哲学上来说，主体与客体并不是彼此孤立的存在，也不是单向的联系，而是一种积极深刻的交流和融合。一种进取的生命总是不断地从世界万物中获得启示，而世界万物也因为人的精神的映照而显示出生机。这是一个循环往复、不断深化的过程。在这个过程中，语言起到一种联结和推进的作用。人是在语言中与存在"相遇"的。海德格尔认为，语言的本质是去蔽，是一种澄明的到来，是人诗意地栖息在大地上的精神家园。"语言艺术并不是对一个现成的即予的实在的单纯复写，它是导向对事物和人类生活得出客观见解的途径之一。"[1]

第四，大学语文生态系统能量传递的主体性。

自然界的生态秩序是在多种群落相互作用的关系中自发地实现的，而语文生态中各单独个体的行为秩序是由系统中枢发布命令决定的。具体来说，文字、文化、存在等组分功能发挥的程度受主体生命的制约。处于生命核心地位的价值理想既是一种主导性的动力，也是语文生态系统运动的目的。

大学语文生态系统虽然外在的表现为某种技术的成分，但它实质上属于观念形态。如果从微观的角度看，会发现它的内在结构如人的神经结构一样细密，功能极为复杂，各个结构要素的功能都不是孤立地进行的，而是在人的生命价值指令的直接或间接控制下，互相联系、相互影响、密切配合，使语文素养成为一个完整统一的有机体，实现和发挥语文的文化交际功能。人的主体精神及其认知规律决定着语文生态运行的秩序和方向。从接受的角度看，语文信息接受的基础是学生个体的体验。一切精神、价

---

① 海德格尔.海德格尔说存在与思 [M].武汉：华中科技大学出版社，2017.

值以及概念、观点的接受、衍生，都要在这个基础上才能实现。语文各组分能量的传递必须有适合大学生感官需要的鲜明特点和刺激态势，使信息到达后便于接受和理解，从而成为他认知结构中的一部分。

语文生态系统之间遵守的是情感逻辑和价值逻辑，言语行为是由系统的生命感情和价值系统指挥的。在文字、文化、存在、生命四个生态圈中，起主导作用的是人的生命。生命深处的感情态度、价值观和理想精神共同构成一个人的主体意识，其中最核心的是理想精神，它既是运用语言的动力，也是运用语言的内存尺度。言语流并不是如水波、光波一样的纯物理性的东西，而是感情价值以及理想的流动。当我们面对一群人物、一些事件的时候，只有理想的光辉洒在它的身上，才能对它产生一种生动的感知，才能评判它的价值，才能对它产生某种心理的触动，那么思维飞扬起来，语言才可能飞扬起来。理想不仅重新赋予字词以个性化的生命，而且决定着字词排列的秩序和方向。运用语言的能力在本质上是一种心灵的力量，言语行为只是把外部世界跟思想结合在一起。

语文生态的主体性还表现为要不断主动地打破系统结构的平衡。这与自然生态依靠被动的自我调节来实现能量供求平衡有很大的不同。语文教育生态系统追求的不是系统的平衡或稳定，各组分之间不要平衡或稳定而是要不断打破、远离平衡态。语文系统各组分必须与外界不断进行物质、能量、信息的交换运动，要充分开放边界，不断引进大量新鲜的语文材料，特别是引进一些异质的语文材料，对系统的原有结构产生冲击，从而实现语文生态结构的进化。特别要指出的是，调节系统各组分关系和数量比的主导力量是人的理想精神，作为主体的人能够自觉地确定生命和言语的关系、生命和世界的关系，从而积极、主动地选择优秀的文化丰富自己的语言，建构自己的生命，实现对存在的敞亮、深刻的表达。

第四节　大学语文教育的五步教学法

大学语文教育是认识过程、心理过程、社会化过程的运动系统。它除具有生态系统一般的整体性等结构特征外，还具有自身生态结构的独特性。大学语文教育应当根据其生态结构的内在特征，充分发挥文字、文化、存在、生命四个生态圈的结构功能，采用"五步教学法"。每个教师可以依据自身的条件和能力，针对不同的教学内容，去自主创造适合自己实际情况的教学方法，但基本的程序应是遵循其内在结构的回环和上升。

大学语文教育要从文字开始，在文字教学的过程中，用文化知识拓展生命的领域，用文化精神建设生命的主体。一个丰富、强健的生命去观察、体验多样性的存在，才能建立起主体跟世界广泛深刻的联系，从而能够直面人生，自觉地承担起改造社会的责任。这种认识、责任还要用文字流畅、完美地表达出来。语文教育的这个路径可以简明地表示为：文字→文化→生命→存在→文字。从文字开始再回到文字，这不是处于一个平面上的封闭的圆圈，而是呈现出螺旋上升的态势。开始的文字是已经存在的别人的文字，而后面的文字则是满含着自己的思想和感情的文字。把文字、文化、生命、存在和文字连接在一起的是听、说、读、写的语文活动。这四种语文活动是以显在的形式进行的，它们之间的紧密相连也构成一个循环不息的圆圈。这样，语文教育的路径可以简化为两个交叉渗透、循环往复的圆，圆的中心是一个渐渐成长起来的"人"。

文字——语文教育开始的文字是我们要阅读和理解的文字。在阅读过程中，我们要把一串串的文字转换成鲜明的人生场景，再把人生场景转换成自己的人生经历。阅读理解文字首先要把文字一起交给五官，让它们感受文字的体温，让它们对文字所代表的事物的各种属性形成清晰的感觉。在这个基础上把自己的生活经验联系到语言文字上去，唯有经历过的、感觉到的才能更好地理解它。不论是建立起完整的意象，还是体味意象背后的意味，都离不开主体感同身受的深度参与和对话式的交流。阅读作为一种过程性的精神事件要求读者亲身参与其中，亲身参与是指读者精神的"在场"状态。个体的生命体验能够使艺术形象具有生气勃勃的活力，同时，又借此实现对艺术形象的富有诗意的超越，实行向文本形而上的精神境界的推进。

文化——由文字的阅读进入到文化的理解，实现与生命、与文化精神的沟通。对文字的阅读和理解要向文化的底蕴前进，寻找、感受和吸纳文字所建立的形象背后的文化精神。人类精神的根深深地植入厚重的文化传统，是文化使我们的精神站立起来的。大学语文教育应当触碰我国传统文化的心源，只有到达这种境界，才能很好地理解人生和社会。对文化的理解最终要达到情与理、自我与社会、个体感受与历史文化的统一，从而促进人性的和谐发展，使我们的理想充满生活的实在！把个人与世界、小我与大我、瞬间与永恒都融合到"天行健，君子自强不息"的生命体验之中，实现与万化冥合，达到精神的凝聚、贯注和迸发。如此，一种力量磅礴、气象豪迈、韵律充盈的生命就可以独立于天地之间了。语文教育有赖于这种生命之光的透视和烛照，才能够灵动、强健，充满活力！

生命——用言语的力量激励生命，在言语创造中更新生命。语文学习就是通过语言来认识世界和自我，在言语创造中更新生命。语文通常采用言语的艺术手段使日常生活陌生化，以此来激活人的感觉。一个人只有感觉敏锐并且积极参与和体验生活，他才能形成自己具有人类良知的思想，他才能成为直面人生苦难，体验着深渊并敢于进入深渊冒险的人。"它在现代人的情感萎缩中唤醒人对存在状况的思考，投一束光亮照彻幽昧的暗夜，重新寻找生命的真正意义所在。"我们语文教育的最高价值正在于此。

存在——让我们的生命走进存在，进而在荒诞的存在中开辟一条有意义的路。存在主义认为存在是荒诞的，正因为如此，我们才有必要用自己的个性和自由去换取属于自己的意义。以文载道，以文问道，通过不停地拷问、疑问和质问，警醒人们思考自己的存在，提醒人们追问存在的意义、如何存在以及怎样才能存在得更好。每一个时代都有自己所面临的生存难题，或者民族的生死存亡，或者阶级的厮杀搏斗，或者天灾人祸，或者贫困堕落，这些都需要富有热血和正义的人担当起来。给这些沉重的问题一个清楚的答案也是语文义不容辞的责任。装模作样地视而不见会导致语文的萎缩直至丧失灵魂。在任何时代，语文都不应该是一个冷血的看客或者吊儿郎当的闲人。在人们泅渡的时候，语文应当用文字建造救命的方舟。

文字——用文字歌唱自己的生命，用文字表达自己的思想。大学语文教育最重要的环节是在经历了文字、文化、生命、存在几个阶段之后再回到文字。大学语文教育过程中的语言表达一般有两类：一类是基于人间道义的言说和自我确证，另一类是基于学科问题和职业角色的认知表达。前一类写作就是在文字中往前摸索，直至走到人类历史和社会现实的交汇点，并最终抵达宇宙存在的幽微之处。把他自己的生命、语言的生命和我们生存的这个世界融为一体。人生存的困境，历史惨象的隐秘，一代人的精神结构，像峻峰深谷在言说中逐渐清晰地展现在我们面前。后一类写作万万不可轻视。一个人最终是要走向社会从事一份职业的，他要依赖于此去生存和发展，以此建立和世界的联系并确立自己的价值。他从业的技能是在大学开始形成的。每一种职业，每一个领域，都有一套自己的语言系统和言语规范，各种专业能力中都包含语言表达能力。大学语文教育的意义之一就在于在语言中认识、理解自己的专业，在言语表达的过程中养成专业技能，或者专业问题的语言表达本身就是一种专业技能。

在一个生生不息的生态系统中，各组分是依存、循环的关系，每一种组分是通过吸取其他组分的营养而维持和发展生命力的。文字、文化、存在、生命在一个人的身上是综合的、交融的，语文整体的功能必得它们齐心协力才能完成。所以，我们在语文教育中要统筹兼顾，不能只顾语言的训练而忽略生命中感情和价值的向度和力度，忽略生命的感受和体验，反之，脱离了语言训练的精神的凌空蹈虚和灵魂的浮云梦蝶也是不可行的。文字是船，文化是水，存在的世界是孕育力极其强大的母体，其他都是由这母体孕育而生的，语文能力不可脱离这个母体而破空裂石地生殖。

第七章　语文课堂创新阅读教学研究

第一节　语文课堂教学创新实践的相关概念

一、基本概念界定

（一）创新

"创新"这个词源于拉丁语"creare"。《辞海》中将其解释为："创"即创始、首创之意，"新"是第一次出现、改造和更新之意。① 国际上对创新的研究起源于经济领域，1912 年美籍奥地利经济学家熊彼特在他的《经济发展理论》中提出了创新理论。我国学者姜丽华根据成果新颖程度的不同，将创新分成三个层次：分别是个体意义上的创新、群体意义上的创新和社会意义上的创新，个体意义上的创新是对于活动者本人而言的，是活动者以往从没有想到的或做到的。群体意义上的创新是对于群体而言的，社会意义上的创新则是关注于社会产生的既有价值。赵振华表明，就一般意义而言，创新是指"个体或人群根据一定的目的，运用已知的信息，产生出某种新颖、独特、有社会或个人价值的产品活动"。② 本书中对创新的界定是基于个体意义上的创新定义，即主体受内在需求或外在要求的驱使，对已知信息进行改进，产生出某种产品对主体自身而言是新颖的并且具有价值的活动。

（二）创新意识

根据马克思主义观点定义的创新意识可知，创新意识是指"遵循事物发展的客观规律，并对原有观点方法有所创新，有所改进的认识"。③

（三）教学创新

教学包含方方面面，一名教师要想提高教育教学质量，就需要全方位地把握教学，而开展教学创新是促成良好教学的重要手段。杨小洋从解决实际的教学问题出发，他认为的教学创新是教师在教学过程中，为了解决教学问题、促进学生全面发展，进而主动去更新教学观念，主动去学习先进的教法，并且"可以创造性地将这些运用到教

---

① 陈至立. 辞海 [M]. 上海：上海辞书出版社，2020.
② 约瑟夫·熊彼特. 经济发展理论 [M]. 郭武军，吕阳，译. 北京：华夏出版社，2015.
③ 高道才. 广义创新学 [M]. 北京：中国书籍出版社，2013.

学活动的过程"。①王振宏等人以提高教学实践活动的教学效果为目的，认为教师的教学创新是教师在教学过程中，将学生更好的成长与发展视为教学目标，"采用新的教学理念、教学内容、教学方法与手段等，来提高教学效果的活动"。②林崇德认为进行教学创新是为了发展学生的创新思维，把创新意识与能力有机地渗透到课堂教学中，"以便增加教学活动的新颖性，还能够提高教学效率"。③傅道春将教学创新定义为，教师不局限于已有的教学模式，创造出更适合自身教学特点并能够便于学生更好地学习的教学模式。④对前人的观点进行分析取舍后，本书将教学创新界定为：教师新颖而有效地改进教学的过程，具体表现为运用新的教学理念、方法和模式，更新教学内容、资源和评价方式等。

（四）课堂教学创新意识

课堂教学是为了使学生获得知识和发展智力的一种普遍手段，它是教师传授给学生知识与技能的过程。对课堂教学过程进行创新，不仅可以促进教师的专业发展、提高教育教学质量，同时还能更好地促进学生的全面发展。有学者认为课堂教学创新有如下三点内涵：第一，关注课堂教学中人的存在。第二，凸显对课堂教学的创造与变革。第三，营造有效的课堂教学环境。本书旨在研究课堂中的教学创新，即教师在课堂教学过程中，新颖而有效地改进教学的过程，具体表现为运用新的教学理念等。

通过对课堂教学创新与创新意识概念的理解，本书将课堂教学创新意识界定为：教师受内在需求或外在要求的驱使，在课堂教学中表现出对创新的认识及创新行为倾向的心理活动。

二、阅读、写作与创新的关系

心理学和行为学研究认为，阅读和写作都是以语言符号为中介的一种认知和表达活动。这种认知和表达，不能简单归结为由刺激引起反应的被动式反应，它是学习者在已有认知或经验的基础上，对认知对象的主动同化或顺应并经过加工、创造而做出的具有鲜明个性的特定化活动。国际阅读研究协会维也纳研究机构主任理查德·巴姆伯尔杰研究认为，阅读首先是一种感觉活动，人们通过视觉器官认识语言符号，这些语言符号反映到大脑中转化为概念，许多概念又组成较大的单位，成为完整的思想，然后发展成为更复杂的活动、联想、评价、想象等。⑤而写作更是作者在已有认知或经验的基础上结合联想、评价及想象而形成独特作品的过程。

由此可见，阅读是对写的或印的书面语言进行感知、理解，获得意义，而写作是对已有的感知和理解进行整理和创造，表达情感。它们均是结合情感和内部语言实践活动的复杂过程，具有显著的符号性和视感性、思维性和情感性、多样性和创新性等

① 杨小洋.初中高效阅读 [M].北京：大众文艺出版社，2004.
② 王振宏.青少年心理发展与教育 [M].西安：陕西师范大学出版社，2012.
③ 林崇德.智力发展与数学学习 [M].北京：中国轻工业出版社，2012.
④ 傅道春.新课程与家庭教育 [M].北京：教育科学出版社，2002.
⑤ 者理查德·巴姆伯尔杰.国外语文教育概况 [M].太原：希望出版社出版，1986.

特点。阅读和写作教学的本质是"文本—教师—学生"三者思维碰撞、交流的过程。因此，阅读和写作教学与思维有着密切的关系，听、说、读、写能力的内在机制本身便是一种思维活动，而感悟、理解、评价等往往会涉及直觉思维、逻辑思维、发散思维等，这些思维本身就是阅读和写作过程中创新思维的基本方式。因此阅读和写作过程中富含创新性思维的因素，而创新性思维又是推动阅读和写作能力提高的助力剂。

三、建构主义学习理论

建构主义学习理论认为，学习是学习者主动建构内部信息表征的过程。这个过程不是被动地接受，而是主动地生成过程。一方面，学习者对新信息的理解是在原有的知识、经验的基础上进行的。另一方面，学习者从自己的记忆系统提取原有知识，也是不断选择、不断整合的，而不是简单的提取过程。这一过程既是对新信息的意义的建构，也是对原有经验的重组。本书认为可以从四方面定义建构主义学习观：学习的一条重要途径是通过依靠已经知道的知识；在调整和改变旧观点时，新的观点产生；学习包括创造新观点而不是机械的积累事实；有意义的学习是通过对旧观点的重新思索，形成与旧观点相矛盾的新观点的结论。建构主义学习理论与传统教学理论最本质的区别是由传统的以教师的"教"为中心的价值取向向以学习者的"学"为中心的价值取向转变，主张学习者在与环境的交互中学习，这是建构主义学习理论富有生命力的内核。建构主义学习理论认为"情境""协作""会话""意义建构"是学习环境中的四大要素。

网络成为实现建构主义学习理论理想的有力工具。网络环境下的语文阅读教学正是本着建构主义的理念，并借助网络技术使语文阅读突破传统方法在时间、空间上的限制，突破学习内容与生活实际的界限，使学生在更丰富的背景、更多的信息资料与更多的互动对话中主动建构知识。比如，学生通过浏览网上资源进行自主学习，获得有关的文字、图片和视频资料信息等，再对获取的资源进行归纳、分析、调阅。在学生自主学习的基础上，通过网络提供的互动交流、在线调阅等功能，学生进行协作学习和会话，在网上进行讨论、质疑和释疑。讨论的问题是能引起争论的初始问题，和能将讨论一步步引向深入的后续问题，也可以是讨论过程中发现的新问题。协作学习过程中，大家相互讨论、交流，借助别人的学习成果进行学习等都使教学资源得到充分利用，既促进了学习内容的理解和深化，又可激发自己的思维，不时地迸发出创造的火花，从而达到创新语文阅读教学的目的。

四、情境认知理论

情境认知理论是20世纪80年代中后期形成的重要的学习理论。情境认知理论认为，学习的实质是个体参与实践，并在实践中与他人、环境等相互作用的过程，个体在这个过程中形成实践活动的能力。该理论认为学习具有如下特征：

（一）情境性

有人认为，思维学习与其所发生的情境之间是不可分割的，现实生活情境对学习有着重要意义，并强调真实的情境经验而不是去情景化的学习，注重对学习过程的培养。大学教育中所学的大部分知识，之所以不能有效地为问题解决情境所利用，是因为知识获取的方法忽视了情境和认知之间的相互依赖性。

（二）实践性

情境认知理论强调学习者不能仅仅学习课本或他人的经验和总结，必须积极进行与所学知识内容相关的实践。学习者不应只关心学习成绩，而忽视了对发现问题、分析问题和解决问题能力的培养。

（三）主动性

情境认知理论强调为学习者提供多元的学习资源，触发学习者主动学习的动机。

以情境认知理论为指导的教学模式主要有三种：抛锚式教学模式、随机进入教学模式和认知学徒教学模式。其中抛锚式教学模式是本课题研究的重要理论基础之一。抛锚式学习特别强调技术在教学中的运用，一方面依靠技术创设逼真的学习情境，另一方面，学生可以依靠计算机等技术支持，从多种视角拓展实践学习的领域。在抛锚式教学中，教师不再是知识的先知，教师的主要作用不再是回答学生提出的所有问题，而是变身为学生的"学习伙伴"，创设相关情境，帮助学生顺利穿越"最近发展区"，培养学生解决问题的能力。

五、教师专业发展阶段理论

教师的专业发展是一个不断提高自身教育教学能力、充实更新知识的过程。它是教师的职业理想、职业道德、职业情感，以及社会责任感不断成熟、不断提升、不断创新的过程，需要教师真正做到终生学习。

1969年，美国学者富勒编制了"教师关注问卷"，成为教师发展理论研究的开始，揭开了教师发展阶段理论研究的序幕，他认为教师需要经历四个阶段，分别是任教前的关注阶段、早期的生存关注阶段、教学情境关注阶段和关注学生的阶段。此后，国外对于教师专业发展主要形成了三种基本理论：第一，卡茨教师专业发展四阶段理论，即分为求生存时期、巩固时期、更新时期和成熟阶段。第二，伯顿的教师教学生涯发展的三阶段理论，即分为求生存阶段、调整阶段和成熟阶段。第三，费斯勒的教师生涯循环理论，即职前阶段、入门阶段、能力形成阶段、热心和成长阶段、生涯挫折阶段、稳定和停滞阶段以及生涯退出阶段。[①]

国内教师发展阶段理论主要是受到教师专业社会化理论的影响。教师专业社会化即教师由普通人逐渐成长为教育者，并最终融于教师共同体而成为其中一员的动态化过程。学者吴康宁认为，教师专业化的过程就是专业社会化的过程，包括任教前的预

---

① 布鲁斯·富勒.标准化童年——美国学前教育的政治与文化之争[M].北京：教育科学出版社，2022.

期专业社会化与任教后的继续专业社会化。此外，还有教师一体化发展阶段论、教师发展时期论、教师职业生命周期论、教师自我更新取向发展阶段论等。

六、创新动机理论

任务动机是创新的最主要构成要素，这是从创造社会心理学的角度出发提出来的。"任务动机包括决定个体完成某一给定任务以及达到某一行动目标的动机变量。"[①] 它是一个人在具备了做某事的能力素质后选择"怎么做"的重要决定因素。该理论认为工作动机包括两个因素：第一，个人对任务的基本态度，它产生于个体对这一任务进行认知评价的时候，其强度与个体的偏好和兴趣相关联。第二，对在某种情况下从事这一任务的动机的感知，这种感知很大程度上是依赖于外部环境的，尤其是在这种外部制约因素特别突出的情况下。

任务动机的发展依赖于指向任务的现实动机的初始水平，同时依赖于是否存在明显的外部制约，以及个体使外部制约最小化的认知能力。不仅如此，屈从会使个体产生抵触的情绪，进而诱发与创新过程相违背的动机，但是随着这种外部制约的消失，创新思维也逐渐得以促进和激发。但是，创新不是在个体安逸舒适的状态下涌现的，毫无压力会使个体产生懈怠感，不利于激发创新思维。也就是说，消除外部压力对于激发创新性是有益的，但过于安逸而导致自身的懈怠则是有害的。

第二节　创造性阅读和语文课堂创新阅读教学

一、阅读与创造性阅读的概念

（一）阅读

"何谓阅读"是想要充分论述创造性阅读的一个首要问题。可以说，阅读是搜集处理信息、认识世界、发展思维、获得审美体验的重要途径。这里将"阅读"定义为一种途径，认为它是一种不可或缺的方法，这样的理解方式也是被广大教师和学生所熟悉的。从大的范围来讲，对于阅读的阐释有多种说法。比如，有的学者认为，阅读是一种从书面中获得意义的心理过程，一种基本的智力技能，而这种理解是从心理学的角度去定义的。还有的学者则从阅读教学的实际过程去定义阅读：它是通过对各类文章的理解、阐释，从而建构自己的意义的活动，其本质是寻求理解与自我构建的活动。这些对阅读的理解都是从阅读的本身，从阅读者的角度单向说明阅读是一种吸纳或是接收的过程。

本书认为对阅读的理解不应该局限于单向的吸纳或是接收，而应该彰显其时代的特点，所以在近些年来很多关于阅读的阐述层出不穷，具有代表性的有"理解说""创

---

① 张文新，谷传华. 创造力发展心理学 [M]. 合肥：安徽教育出版社，2004.

造说""交往对话说"和"多重意义说",本书认为应该吸收以上多方面的含义来定义阅读。本书认为,阅读就是读者主体、文本主体和作者主体从表层到深层的同化与调节——这种说法就全面阐述了阅读的内涵。

(二)创造性阅读

所谓创造性阅读,是指读者根据自己的情感、思想、知识及阅历对作品进行创造性领悟和理解的过程;是指读者在积极主动的阅读过程中,不囿于书本上或文章中现成的结论、观点,敢于大胆设疑,通过分析论证,提出自己的新见解、新看法。这两种阐述都侧重提出超越原文本的新想法、新观念,然而前者强调的是阅读文本;后者强调的是阅读者自身。

在定义创造性阅读时,很多定义都强调了描述阅读的方法和阅读的过程,即强调了活动性。典型的有如下三种:第一,创造性阅读,既是一种方法,也是一种读书的境界。第二,创造性阅读是对突出以人为本、以学生发展为本的教育理念积极探索和实践的一种阅读活动。在具体教学的实施过程中,教师的引领指导、情境的设置至关重要。教师要为学生创设富有创造性的语文课堂,并不断开发学生创造性思维,提升学生创造力。第三,语文创造性阅读就其本质而言是教师、学生、作者、编者等对话主体面对文本展开的主体间的建构性活动。主体间的多元对话是开展创造性阅读的观念前提。

综上所述,创造性阅读并不是新创造出来的一种阅读文本活动,而是阅读的一种高级形式,它主要提倡的是创新,以文本为基础的思维创新。经过大量的查找资料,本书归纳总结为:创造性阅读就是阅读者带着提出新见解的目的去进行阅读,在阅读的过程中能够发现未曾有过的答案,并且能做出创造性结论的一种阅读活动。即阅读者本身能够根据自己已有的知识、经历及情感体验对文本在理解的基础上进行创造性的领悟。创造性阅读所强调的无非就是"创造"二字,就是要求阅读者在阅读的过程中有所创造。创造性阅读突出的是阅读者的主体性,让阅读者在阅读过程中积极地发挥主观能动性,找出自己独特的见解。在实际的阅读教学中就是尊重学生的主体性,让学生的思维多向发散,大力地培养其想象力和创造力。

面对教育形式的转变、创新精神的大力宣扬,语文阅读教学也迎来了它的转变道路,创造性阅读的兴起能够更好地推进阅读教学的发展,更能够适应学生个性的彰显。

二、阅读与创造性阅读的关系

(一)阅读即创造

创造是阅读自身的规定性,并不是从阅读外面另加给阅读的。从本质上说,阅读是一种探究性、创造性的活动。这表明阅读即创造,阅读本身就包含创造的因子。然而很多研究者仅依靠自己的主观想法就去臆造阅读与创造性阅读之间的关系,他们"创造性阅读"的时候将理论的重点放在了"创新"上,认为"创造性阅读"就是相对于"非创造性阅读"提出的;还有一部分人将"非创造性阅读"称为"传统性阅读",他们将创造性阅读看作新兴的产物，将创造性阅读的产生与阅读的产生割裂开来。然而创造性阅读就是阅读的一部分，而且阅读是不分传统与新兴的。一些研究者所谓的"传统性阅读"，其实说的是阅读教学时教学手段具有传统性，这种传统性体现在阅读教学时课堂上大多是教师在教授内容，学生在被动接受教学内容，在整节课中学生的个性被压制。但是在课程改革的推动下，这种教育手段被认为是过时的，不利于学生个性的发展，所以被称为"传统"。"传统性阅读"我们可以认为它是没有经过深思，而将阅读本身与阅读教学手段的一种混淆，但是"非创造性阅读"这种提法是完全错误的，我们能说学生在学习同一篇课文的时候，他们对于某一段甚至是某一个字词的理解就是完全一样的吗？本书认为"一千个读者就有一千个哈姆雷特"这句话不是凭空说出来的，学生在面对完全一样的学习内容时所存在的这种不完全相同的感悟就是他们创造出来的，所以即使在所谓的传统性阅读教学手段下，学生依然会在课文的理解上存在差异，这就说明"非创造性阅读"根本不存在。

（二）创造性阅读是阅读的最高级阶段

东北师范大学学者朱绍禹将阅读分为复述性阅读、解释性阅读、评价性阅读、创造性阅读。阅读的心理过程可分为四个阶段：一是字面的理解——获得读物内容一个词、一种观点、一个句子的最初的直接字面意义。二是解释——不是直接按样照搬读物文字，而是进行概括、比较、发现潜在的意义。三是批判性阅读——对读物做出个人的反应与判断。四是创造性阅读——发表超出读物之外的新思想。[①] 后来被其他学者简化为阅读的"感知、理解、鉴赏、创造"四个阶段。这样可以看出创造性阅读是阅读过程的一个阶段。有的学者认为，创造性是阅读的终极目的。有的学者还认为，阅读的终极目的是创造，即在阅读中"化异己世界为自己的世界"，包括新的概念、新的观点、新的思维体系和新的感悟与体验。从以上表述中，我们可以看出创造性阅读不仅仅是阅读过程的一个阶段，它还是阅读的最高层次。

大多数的学者和专家都将创造性阅读视作阅读的一部分，本书以王文彦、蔡明的《语文课程与教学论》中所阐释的学生想要掌握阅读的六种能力"感受力、理解力、欣赏力、评价力、迁移力、创造力"[②] 为启发将阅读划分为六个阶段：感受性阅读、理解性阅读、鉴赏性阅读、评价性阅读、迁移性阅读、创造性阅读。这六个阅读阶段也是层层递进的关系。感受性阅读是其他阅读活动的开端，王荣生在阐述感受性阅读的时候，强调"作为读者主要是去发现、去感受、去体会，也就是要居于'鉴赏者'的阅读取向"。[③] 在这里他将感受性阅读、理解性阅读和鉴赏性阅读合并成一个阅读阶段，就是阅读者在发现、感受、体会文本所传达的意蕴的基础上，再从鉴赏者的角度去"感受作品中的形象，欣赏优美、精彩的语言，强调整体感知"。评价性阅读则是在其前三种阅读形式的基础上，对文本的内容及所表达的意蕴进行判断和分析。迁移性阅读是在阅读者对文本进行感受、鉴赏、评价之后，吸收如何阅读文本的经验，最后将习得

---

① 朱绍禹.语文教育学 [M].北京：中央广播电视大学出版社，1987.

② 王文彦，蔡明.语文课程与教学论 [M].北京：高等教育出版社，2002.

③ 王文彦，蔡明.语文课程与教学论 [M].北京：高等教育出版社，2002.

的经验运用到其他阅读中去的阅读形式。阅读者阅读文本在感受、理解、鉴赏、评价、迁移五个阅读阶段之后，就追求阅读的最高阶段——创造性阅读。

三、创造性阅读的特点

基于创造性阅读的概念，创造性阅读具有主体性、探究性、独特性的特点。对其特点的阐述如下：

（一）行为方式——主体性

创造性阅读在行为方式上强调学生的主体性。"主体参与活动的深度和广度决定主体能力的发展水平。主体的能力只有在主体的活动中才能发展。无论师生之间存在多么崇高的情感，教师也无法像传授知识一样，把自己的能力'让渡'给学生。"① 正是由于这样，教师才应该用自己的知识经验引导学生主动学习，充分发挥他们的主体性。新课程改革以来，语文阅读教学不再单纯地强调教师在课堂中的主导地位，而是逐步强化学生的主体地位，这时教师属于一个引导者的角色，课堂上由师生的互动合作教学代替原来的教师主导课堂。创造性阅读能为课堂教学营造一个民主、和谐、宽松的学习环境及氛围。基于这种"学生为主、教师为辅，合作教学"的理念，创造性阅读能够充分地尊重学生的思想表达，并且让其在阅读中积极思考，去寻求不一样的阅读体验。没有人能够代替学生自己去学习，所以学生的主体性是每个教师都应该尊重的，并且教师要根据不同主体的特点来因材施教。

（二）思维方式——探究性

创造性阅读不再拘泥于客观的固定答案，更多的是主观的探究式回答。布鲁纳曾说："人的心灵深处总有一个根深蒂固的需要，就是希望自己是一个发现者。"② 他注重学生自身的探究与发现。创造性阅读教学就是教师和学生针对文本共同学习、共同探究的过程，在这个过程中教学课堂是开放、民主、宽松的，不再是死扣文本引导全体学生找到一个共同的答案，而是学生可以根据自己以往的经历以及所学过的知识、所获得的经验，来结合文本发挥自己的想象力和创造力，找寻自己独特的与其他同学和文本作者不同的知识能力和情感体验。在创造性阅读教学中，教师将关注的重点从教学设计转移到学生身上来，设计探究性问题，减少教师对学生的主导，这样更容易增添课堂的开放性。探究性的课堂在教学中呈现的是一个动态的变化，教师与学生的互动，教师应鼓励学生大胆地猜想，学生也要积极配合不断地发散思维，从而不断地生成和更新观点。

（三）认知差异——独特性

这是创造性阅读最本质的特点。著名哲学家黑格尔说过："世界上没有完全相同的两片树叶。"③ 说明世界上万物没有完全相同的，都是千差万别的，人也是一样的。阅读

---

① 尚凤祥．现代教学价值体系论 [M]．北京：教育科学出版社，1996．
② 布鲁纳．教育教程 [M]．邵瑞珍，译．北京：文化教育出版社，1982．
③ 弗里德里希·黑格尔．美学 [M]．寇鹏程，译．重庆：重庆出版社，2016．

者的认知能力具有差异性，这种差异性的存在是由不同阅读者的知识储备、人生阅历、生活环境等因素造成的。所以对同一文本进行创造性阅读时，每个阅读者的阅读体验都有差异，创造的内容会有所不同，从而创造性阅读具有强烈的个性化色彩，具有独特性。

四、创造性阅读遵循的原则

（一）创造性阅读以尊重文本为前提

学者林忠港说："文本的生成创造必须满足三个条件：一是有依据，二是看整体，三是讲程序。"①这里所说的"有依据"就是在阐明想要对文本进行创造时必须有理有据，不能让创造成为无源之水。宋代学者陈善在其著作《扪虱新话》中说："初当求所以入，终当求所以出。"此话是其对诗歌阅读提出的要求，现在也可适用于一切文本的阅读，说的是先要从文本入，最后还要从文本出，其实就是在强调在阅读中文本的重要地位。

在现在的语文教学中呈现出两种创造形式：一种是在学习文本后，在文本的基础上进行生新创造，很多教师称为"有上生新"。另一种则是完全脱离学习的文本，一味地追求另类创新，使语文课堂缺少本应有的"语文味"，这种创造被称为"无中生有"。

在新课改以来，新的课程标准不断地被修改和完善，并且标准中对阅读的要求也越来越高，正是这样创造性阅读才被带到研究的范围内，随之而来的就是将创造性阅读带到阅读教学的课堂上来，但是很多教师并没有仔细钻研教学大纲和课程标准对创造性阅读的要求，只是凭借自己对创造性阅读的理解来进行教学，这样就导致了创造性阅读走进"无中生有"的病区。很多教师将创造性阅读误认为是学生自己不断追求个性化的阅读，在阅读教学中教师让学生发表自己的看法，这种做法本身并没有错误，但是在具体的实施上却出现了偏差，教师对学生思维发散出的想法言论只是予以鼓励赞扬，并没有指出内容上与所学内容是否存在关联性，是否偏离了文本内容，教师只是注重学生"说"这种形式，并没有对内容的对错进行衡量。例如，有的教师在教授朱自清的《背影》时为了提倡创造性阅读让学生大胆质疑，有的学生对"父亲爬月台事件"发出疑问，认为这种做法是违反交通规则的，是很危险的行为，对学生造成不好的影响，教师对学生这种发散思维的行为予以肯定，但是并没有对学生所说的加以解释，其实这种做法是错误的。学者孙绍振也说过："多元解读，不是绝对自由的，应该是以文本主体和读者主体的历史性结合为基础的。"②在这个案例中教师只是肯定了学生主体，但是没有引导学生注重文本主体，这样就导致了学生的阅读创造是与文本内容不相关的，教师对这样的回答应该进行纠正，学生敢于表达的行为应该得到赞赏。所以基于阅读教学的目的，教师更应该引导学生的思维，让学生的思维在一个正确的聚焦点上进行发散，而不是漫无目的，脱离教学目标的无中生有。还有一种"无中生有"的形式就是来自教师教学本身，很多教师为了追求语文课堂的艺术性、趣味性，创造

---

① 林忠港.语文教学形态研究[M].武汉：武汉大学出版社，2011.

② 孙绍振.直谏中学语文教学[M].广州：南方日报出版社，2003.

出一些不像语文课的语文课，教师只注重新颖而缺乏语文知识性。例如，有的教师在教授巴金的《小狗包弟》时，将这篇文章的内容设定成一个刑事案件，把包弟作为受害者，巴金定为嫌疑人，还设定了证人、案件起因等，这种忽略文本本身的教学设计是完全错误的。有学者认为，所谓创造性阅读是在阅读基础上的创造，它的前提是肯定文本的存在应当受解读对象和文本的制约。所以案例中的语文教学是失败的，这样的教学已经把文章的体裁忽略了，已经脱离了文本，完全不像是语文课了，教师认为这样的创造性能够带给学生新鲜感，但实际上所展现的教学效果是无效的。

创造性阅读应该采用"有上生新"这种方式，无论什么形式的创造都不能脱离文本。创造性阅读是以承认文本的可变性、未定性为前提的，但是我们也要承认文本的背景、结构和逻辑是客观的、确定的。这样看来创造性阅读是要用文本中的具有可变性的或未定性的部分进行创造，但是这部分创造又必须以文本中确定性的部分为基础，不能逾越客观而进行无根据的另类创造。

（二）创造性阅读以有效对话为途径

创造性阅读要通过"对话"进行创造。可以说，阅读教学是学生、教师、教科书编者、文本之间的多重对话，是思想碰撞和心灵交流的动态过程。基于阅读与创造性阅读的关系，创造性阅读的创造必定也是通过"对话"来完成的。那么在创造性阅读教学中的"对话"究竟是什么样子的呢？很多教师单纯地将课标中所说的"对话"仅仅理解为一种教学方法，认为它在课堂中所呈现的样子就是与学生之间的问答、讨论而已。这样的"对话"仅仅存在于一种行为上，而没有从具体的意义上理解。"对话"其实是教师和学生在阅读文本过程中对文本内容进行有意义的建构过程。那么在创造性阅读中"对话"就是将教师、学生与文本之间构成一种创造关系的过程。"对话"的存在形式的确是问答或讨论，但是"对话"的根本目的是要寻求三者之间的思想碰撞和心灵交流。学者庞鑫总结了阅读教学中对话的特点：非目的性、生长性、回归性、关系性。其中他对非目的性的阐述就在说明"对话"是一种主客体在相互作用下的建构过程，是做有意义的活动；接着对关系性的阐述是在说明"对话"是主体与客体间维持一种关系，并且通过问答或讨论的方式来呈现的。从阅读教学中"对话"的这两种特点来看，很多教师在阅读教学中关注的仅仅是"对话"的关系性而忽略了它的非目的性。

"对话"的核心就是寻求主体和客体的共同点、交叉点。在创造性阅读中，关键就是要找到这个交点，这样进行创造性阅读才能不偏离文本。那么在阅读教学中，通过教师引导学生进入文本，然后学生与文本进行"对话"，在"对话"的过程中学生找到在情感上与文本所表达出来的感情之间的交点，其实就是共同的情感体验，之后再进行的创造性阅读就是通过这个交点进行发散，学生通过选择和吸收文本中的一些元素，这些筛选出来的元素在学生的思维空间中发生"变异"，产生一些超越这个交点的情感体验，从而达到一种融会贯通的状态。

五、语文创新阅读教学

阅读教学，历来是中学语文教学整体中的重点、难点和弱点。对于中学生能否进行创造性阅读，目前的语文界尚无定论。笔者以为，当代中学生可能有创造的精神，也可能有创造的意识，但如果仅凭这些就把中学生对课文的新发现、新见解视为创造性阅读未免有点言过其实。中学生能在前人或他人的基础之上读出问题，读出新意，得出前人或他人未曾有过的理解或答案，这只能视作一种创新，所以，可以把它叫作创新阅读。语文创新阅读教学就是指导学生进行创新阅读的教学。

语文创新阅读教学是针对传统的接受性阅读教学而言的。接受性阅读教学习惯于"满堂灌"，习惯于"填鸭"，忽视学生这一阅读主体。学生在课堂上习惯于接受课本和语文教师的现成答案，不对阅读篇目进行深究质疑，不敢进行大胆的批判，当然也就没有自己独到的见解和新的发现。在接受性阅读教学中，语文教师只是知识的传递者，学生也只是知识的接收器。创新阅读教学则完全打破了接受性阅读教学单一、封闭、呆板的局面，采用开放式教学，把学生视为阅读课堂的主体，给学生以充分的想象和思考的空间，赋予学生以质疑问难和切磋讨论的权利，诱发学生的探索动机，让他们去探新求异，寻求前人或他人未曾有过的答案，从而产生创造性的见解。

语文创新阅读教学作为一种弘扬人的主体精神、挖掘人的创造潜能、培养创造型人才的一种新型阅读教学思想，它具有以下特征：

（一）语文创新阅读教学是以学生为主体的教学

教学观念上，语文创新阅读教学要求教师尊重学生个性，尊重学生的创新意识和创造性成果，赋予中学生主动参与阅读教学活动并对语文教材发表自己独立见解的权利，不是教师主宰一切，而是教师当"导演"，学生唱"主角"，共同活动在阅读课堂上。教学性质上，语文创新阅读教学不再是一种沿袭式、接受式的阅读教学，而是一种探究式、创造性的阅读教学，要求学生对作品涵咏体味，读出问题，读出新意。教学模式上，语文创新阅读教学追求的是一种建立在师生平等条件下的以学生独立思考、探索发现和创造创新为重点的新型阅读教学模式。教学方法上，语文创新阅读教学要求教师废除"满堂灌""填鸭式"的教学方法，代之以"启发式""点拨式"，启发诱导学生对选文质疑问难、自由讨论。具体来讲，就是在教学中引导学生敏锐地从文章中发现问题、提出问题并试着解决问题，诱发学生对文章内容及其表现方法上的独到感受，积极鼓励学生大胆地突破习惯性看法，创造性地提出自己独特的见解。

（二）以培养学生创新精神和创造能力为宗旨

语文创新阅读教学是以培养学生创新精神和创造能力为宗旨的教学。语文创新阅读教学要求教师在教学中从三方面培养学生的创新精神。其一，独立精神。鼓励学生在阅读中独立思考、独立探索，坚持自己的独到见解，不人云亦云。其二，批判精神。鼓励学生对阅读教材敢于发现、敢于质疑、敢于批判，不迷信古人，不迷信名家名篇，不盲从课本上的现成答案，不盲从语文教师的意见。其三，求新精神。爱护学生强烈的好奇心，鼓励他们在阅读课堂上打破陈规，克服定式，标新立异。

培养学生的创造能力是指阅读教学中要着力培养学生的两种能力：其一，语文创造性阅读能力。它包括语文评赏能力和语文借鉴能力。语文评赏能力是一种较高层次的阅读能力，它是对文章从思想观点到语言文字、风格特点的评价和鉴赏的能力，是阅读理解能力的深化。如果说理解能力主要表现为对文章的内容进行如实的认识，是使主观认识逐渐符合客观实际的思维过程，那么评赏能力则是以阅读者头脑中已经形成的思想观点来评价、鉴别、赏析读物的好坏、是非与美丑，带有明显的主观色彩。语文借鉴能力是一种最高层次的语文阅读能力，它是阅读者从文章中受到启示，通过推导、发现、提出或解答超出读物原意之外的新问题，获得创见，并得以借鉴的能力。它不仅仅在于对读物的思想内容、表现形式以及风格特点的评赏，更在于通过阅读，获得具有创新意义的认识。其二，语文创造性思维能力。语文创造性思维是以解决语文阅读中所提出的疑难问题为前提，用独特新颖的思维方法，进而得出一种新见解的心理过程。语文创造性思维能力是一个多层次的思维能力系统，与其他学科能力系统相比，它主要包括创造想象能力和发散性思维能力。语文不同于其他学科，由于文本中的"空白"和不确定性，更需要学生的创造想象能力和发散性思维能力的参与。

总之，语文创新阅读教学所培养出来的这种创新精神和创造能力将是学生一生取之不尽、用之不竭的财富。

第三节　语文课堂创新阅读教学的必要性

一、语文阅读教学改革的呼唤

阅读教学是中学语文教学的主体，它既是写作教学的基础，又带动着听说教学，在语文教学中具有举足轻重的地位。多年来，广大语文教师在阅读教学领域辛勤耕耘，培养了不少热衷于阅读并具有很强阅读能力的青年。但是，阅读教学一直存在"少慢差费"的现象。正如吕叔湘所感叹的那样："10年的时间，2700多课时，用来学本国语文，却是大多数人不过关，岂非咄咄怪事！"[①]其实，怪事并不怪，深究起来，阅读教学的症结不外乎以下三点：

（一）标准化读解：文本开放性的萎缩

接受理论认为，文本的意义是呈开放性的，因为文本作为语言艺术的符号系统，其语言本身包含着多义性，它往往具有言外之意、弦外之音，而读者个体又有着生活经历、性格特征、知识和审美等方面的差异，所以，读者对文本的理解也就不可能完全相同。然而，我们多年的阅读教学却无视文本的开放性意义，无视学生的个体差异，对语文教材进行标准化的读解。教师一本教材，一本教参。学生的认识绝对受制于教

---

① 吕叔湘.语文常谈[M].北京：生活·读书·新知三联书店，2019.

师，教师的认识又绝对服从于教参，若是考试，则屈从于"标准答案"。例如，《项链》中的玛蒂尔德是资本主义社会具有强烈虚荣心的小资产阶级女性，尽管她具有人所共有的爱美、求美的天性，尽管她在丢失项链后含辛茹苦地还债，但她永远都是不值得同情的。《雷雨》中的周朴园就因为是一个具有浓厚封建色彩的资本家，学生便丝毫不去理会"他三十年如一日对待鲁侍萍念念不忘的真诚，尽可能地去唾弃他……"诸如此类，所有选文的中心思想都是大纲上"钦定"的，语文教师按这个标准讲，学生按这个标准记，考试时按这个标准答，不许有丝毫的误差，开放的文本萎缩了，鲜活的语文也教死了。

（二）程式化分析：学生阅读主体的迷失

长期以来，我们的阅读课无论教什么选文，总是围绕着"写了什么"和"怎样写"这两个问题展开。从教师精心设计的教学思路，到学生思维的出发点和终结点，乃至对学生的阅读指导和作业练习，无不以这两个问题为内核，可谓形成了阅读教学的思维程式。其弊端在于：其一，学生对课文内容的理解浮于表层，他们所接受的只是一种复述性的简单罗列式的读文训练，久而久之就窒息了学生探究创造的积极性和主动性。其二，教给学生的往往是千篇一律的套语。

我们的阅读教学不是教给学生如何去咀嚼、去品味、去感悟、去深究和创造，而是习惯于训练他们去进行简单判断、抽象概括和空下结论，并授之以文章分析的陈词套语，诸如"描写了……概括了……歌颂了……批判了……"乍看起来，学生对课文的认识似乎达到了理性高度，其实也许对课文中某词某句的意思尚不能意会，更别谈领悟其深刻的思想内涵和丰富的感情意蕴了。这种程式化的抽象的读文训练，对于切实培养学生对语言的感知力、联想力、想象力、顿悟力和创造力实在是收效甚微。

（三）封闭式教学：学生阅读个性的失落

传统的阅读教学是一种封闭式教学。其类型主要有以下三种：一是"满堂灌"，把学生视为一种知识的储存器进行填塞。二是"满堂练"，让学生埋头于题海之中进行机械的操练，其目的是应付考试。三是"满堂问"，语文教师提问缺乏明确的目的，满足于形式上的热闹，最终还是语文教师说了算。这几种封闭型的教学模式都忽视了学生的阅读个性，忽视了对学生创造性阅读能力的培养。总体来看，学生在阅读课堂上读得少，动脑筋思考问题少，不能自己发现问题，提出问题，更难以自己解决问题。这样的阅读课堂发挥不了学生的主体性作用，培养不了学生的阅读个性。针对这些弊端，阅读教学应加大力度进行改革，应将阅读的主动权还给学生，只有这样才能唤醒学生的创新阅读意识，培养学生的创造性阅读能力。可以说，这既是阅读教学改革的必然趋势，也是阅读教学走出困境的唯一出路。

二、语文创新教育的要求

众所周知，语文阅读课是众多学科的基础，理应成为当前创新教育的主阵地。比如，初中语文教学大纲就把"注重培养创新精神"写入了教学目的；高中语文教学大纲把

"培养发现、探究、解决问题的能力"纳入教学目的。在"教学内容和要求"一栏中，初中语文教学大纲要求初中生"对课文的内容、语言和写法有自己的心得，能提出看法或疑问"；高中语文教学大纲要求高中生能"根据语境揣摩语句的含义，体会语言表达效果，能对课文进行阐发、评价和质疑"。在"教学中要重视的问题"一栏中，初中语文课程标准规定"要重视学生思维能力的发展，尤其要培养学生的创造性思维"；高中语文教学大纲指出"在语文教学中要重视学生思维方法的学习和思维能力的发展，尤其要重视创造性思维的培养"。在"教学评估"上，初中和高中的新大纲均规定"考试要以主观性试题为主，鼓励学生有创见"。近几年的中招和高招试题已经体现了新大纲的这一要求。例如，要求学生根据《孔乙己》第11节回答问题：如果在文中的肖像描写后面加一个比喻句，下面两句你觉得哪一句更恰当？试从其表达作用上简要说明理由。（A）哆嗦得像秋风中的一片落叶；（B）犹如土地庙里一尊破旧的泥塑。此题并没有标准答案。A、B两个答案均可选择，关键要言之成理。面对这样的题目，学生只有选准切入口，调动知识储存和生活经验，创造性地组合加工，才能尽情地阐述理由，说出自己的想法。若选A，可结合环境描写，着重从表现孔乙己衣着单薄的窘态等方面解答；若选B，可结合肖像描写，从表现孔乙己穷极潦倒的惨状等方面进行阐述。这种试题答案的不确定性正是对学生创新阅读能力的检测和考查。

可见，不论是语文新大纲，还是今后的语文阅读教学评估，都已经把语文创新教育提到了首位，这就要求阅读课教师必须转变观念，积极探索语文创新教育的方法和途径，培养学生的语文创造性阅读能力。

第四节　语文课堂创新阅读教学的可行性

一、独特的学科优势提供了创新阅读教学的可行性

语文阅读是一种创造性的智能活动。首先，阅读活动的创造性是由文章的开放性构成的。对读者来说，每篇文章都是一个不断开放和不断生成的过程。因为文章是由抽象的文字符号组成的，这些抽象的文字符号只有经读者的理解和想象才可以构成审美形象，尤其是文学作品，它所使用的大多是描述性语言，有着明显的模糊性和不确定性，这就为读者的阅读创造留下了空间。接受美学的代表人物伊瑟认为，一部作品之所以能够具有永恒的魅力，并不是因为它描写了超时代的永恒价值，而是因为它的结构总能使人纳进新的东西。在这个过程中，作品的空白点起了关键的作用，也正是因为这许许多多的空白点构成了文章意义的无限开放结构，为读者的创造性阅读提供了可能。

其次，阅读活动的创造性也是由阅读的主体性所决定的。由于对文章的理解涉及读者所处的时代、心境、情绪、生活体验和知识经验等多种因素，所以，即便是面对同一个客体，不同的接受主体也会得出迥然不同的看法与结论。

由以上两点可知，创造性既是阅读的本质，也是阅读的终极目的。读，是为了创造，创造意味着摆脱读物本身的思路，产生一种还未曾有过的思路。阅读的这些本质特点为创新阅读教学的实施提供了充足的可行性依据。

二、学生的思维特征提供了创新阅读教学的可行性

学生的思维特征为语文创新阅读教学提供了生理学和心理学依据。首先是他们想象的生动性。从生理学和心理学的角度来看，当代中学生一般年龄在 14~18 周岁，正是形象思维活跃的时期，想象丰富而又生动，并在再造想象的基础上增加了创造想象的成分。比如，学习郁达夫《故都的秋》，掌握了作家笔下秋天"清""静""悲凉"的特点后，学生便可驰骋想象，描绘出许许多多生动形象的秋景：金黄的原野、橘黄的果园——秋天是收获的季节；云淡天高，牛羊奔驰的牧场——秋天是欢乐的季节；秋风萧瑟落叶无边的森林——秋天是怀旧的季节；钱塘秋潮、香山红叶——秋天是豪迈的季节；皓月当空、桂香浮动——秋天是缥缈的季节。这种想象海阔天空、纵横千里，体现了中学生想象的生动性和创造性。其次是思维的批判性。据现代心理学研究，中学是思维的独立性和批判性迅速发展的关键期，尤其是初中高年级和高中学生已经进入了青年期，生理和心理都接近成熟。他们的感知能力提高、视读广度扩大，阅读的有意注意增强。在思维能力方面，最为明显的是思维的独立性和批判性成分增多了，因此，他们在阅读中不满足于对一般材料的客观理解和接受现成的观点，而希望独立思考，乐于对阅读材料进行是非判断、优劣评价，甚至常常被探索、发现和创造的意识所驱使，提出一些不同于前人和他人的见解。具体表现为他们不迷信书本和名家，不迷信教师，敢于质疑问难，喜欢讨论争辩，善于求异和发现，并有自觉的自我评价、自我监控、自我反馈、自我修正的意识和能力。例如，阅读郭沫若的《甲申三百年祭》（节选）后，有的学生对作者"李自成的失败，自成自己实在不能负专责，而牛金星和刘宗敏倒要负差不多全部的责任"的观点提出了自己的看法。他们认为牛金星和刘宗敏的错误，李自成要负领导责任。如果作为统帅的李自成不负责，而要他的两个部下"负差不多全部的责任"是不公平的，这种认识就很有时代特色。对中学生来说，他们不盲从权威、不迷信书本、大胆探索的精神，应该视为是一种创新，而这种创新正是思维批判性的表现。

中学生想象的生动性和思维的批判性是他们创造潜能的具体表现，而语文创新阅读教学所需要的正是这些生动的想象和批判的思维。

三、语文新教材的范例功能奠定了创新阅读教学的可行性

早在 1978 年，叶圣陶就提出"语文教材无非是例子，凭这个例子要使学生能够举一反三，练成阅读和写作的熟练技能"[①]，之后，又有一些学者谈到语文教材的"例子"功能，例如，课文不过只是一批例子，提供各种语言现象供师生分析。遗憾的是，在过去数十年的阅读教学中，选文的"例子"功能却丧失殆尽。我们似乎习惯了这样的

---

① 　叶圣陶．叶圣陶语文教育论集 [M]．北京：教育科学出版社，1980.

阅读教学：让千百万学生在同一个规定的时间，用同一种规定的方式，读同一篇规定的课文，听同一样规定的分析，记同一个规定的结论，做同一道规定的试题，得出同一个规定的答案。

只要死记，不要创新；只要熟背，不要深究；只要考好，不要会用。一个学期 20 多篇课文，就这样颠过来倒过去地"听记背考"，美其名曰"抱着课本打滚"。

2000 年开始使用的高中新教材有了大刀阔斧的变革。其表现为：第一，新教材突出了文学教育，全套教材编入了大量古今中外的文学作品，共占课文总数的 60% 以上，丰富多彩的文学作品为实施创新阅读教学提供了广阔的空间。第二，与过去的教材相比，这套教材更加注重选文的思想品位和文化内涵，如《离骚》《阿 Q 正传》等，能引起学生心灵的震撼和情感的共鸣，更有利于调动学生的积极性和主动性。第三，新教材分教读课文和自读课文，鼓励学生把课内所学知识运用于课外，举一反三。教科书还专门安排了迁移运用、质疑解难等训练点，有利于培养学生创造性阅读能力。第四，《教师教学用书》重在为教师提供备课的参考资料，尽可能不提供结论性的东西，对文学作品只提供一些解读思路，甚至把不同的理解也放在一起，供教师选择，这样，解放了教师手脚，更便于教师切实地实施创新阅读教学。同时，新大纲规定课文不作为全国高等院校统一招生考试内容。

这意味着新教材的"例子"作用得到了充分体现，教师不必担心"必考"而面面讲到，处处设防；不必满足于现成的结论；不必死守"求同"。总之，新教材将以全新的面目充分发挥其"例子"功能，为创新阅读教学提供了充分的可能性。由以上的论述可知，实施语文创新阅读教学既有必要性，也有可行性。只要广大教师更新观念、锐意创新，那么，语文课堂所培养出来的创新精神和创造能力将是学生一生取之不尽、用之不竭的财富。

第五节　语文课堂创新阅读的实施

一、实行开放式教学

教学开放是一种教风和学风，表现为师生在教学活动中相互尊重、相互信任、相互配合、相互促进，共同完成教学任务。开放的教学应该是素质教育中各学科教学的共性，但与其他学科相比，语文创新阅读教学尤其需要教学开放，因为阅读教材中有大量的文学作品，其本身就呈现一种开放式的结构，文学欣赏是没有标准答案的，阅读本身就是一种见仁见智的活动。常言道"有一千个读者就有一千个哈姆雷特"。只有在宽松和谐的开放性课堂氛围中，学生才有机会各抒己见，发表自己独到的见解，挖掘作品的内在意蕴，施展自己的创造才能。

（一）课堂开放

人的创造性不是与生俱来的，而是后天习得的。中学生可塑性强，教学环境对他们创造个性的成型具有决定性作用。爱因斯坦的成功决定于他在瑞士阿劳州立中学就读时的开放的教学环境和民主气氛，它不仅发展了爱因斯坦的想象力和思维，还培养了他的创造个性和创造力。

要实施语文创新阅读教学，必须致力于营造"阿劳中学"式的开放、平等、自由、和谐的课堂氛围。鼓励学生大胆创新，鼓励学生不迷信古人，不迷信名家名篇，不迷信语文教师，不迷信教材，敢于向阅读教材、向语文教师挑战，并以宽容的态度对待学生的创新。尊重中学生的阅读个性，允许学生存在阅读理解上的差异，允许他们按照自己的理解，去说自己想说的话，发表自己独到的见解。

同时，开放的阅读课堂还应强调师生间的相互作用，鼓励学生根据自身特点参与阅读教学目标的制定，采用自己以为最好的方式，去圆满地达到自己所制定的目标。给学生提供自由选择的阅读自主权。比如，一篇课文或一个单元的教学目标可确定为基本目标和较高目标，由学生自主选择，阅读篇目也可以让学生自由选择，改变过去阅读课堂上教师一统天下的专制作风。语文教师在教学中应随时随处秉持与学生"商量"的精神展开教学，将教师的意愿化为学生自己的意愿，给阅读课堂带来生机和活力。在这种环境中，学生就会以主人公的高度责任感自觉学习探索，创造潜力充分发挥出来。但是，如果是封闭式的课堂，唯教材是从、唯语文教师是从、唯标准答案是从，学生将永远欣赏不到文本那五彩纷呈的开放性结构，将永远体会不到创造性阅读的美好境界。

（二）思维开放

在封闭式阅读教学中，学生的思维永远是单一的、僵化的。而开放性阅读教学则要求学生思维开放。要求放开学生手脚，解除学生的思想顾虑，打破学生的思维定式，引导学生进行发散性思考。在阅读中设置问题情境，让学生调动自己的知识积累和审美经验，展开丰富的联想和想象，由再造想象到创造想象，看似"天马行空"，实则会挖掘出文章丰富的内涵。比如，在讲授鲁迅的《药》时，设计了这么一个问题:给《药》这个标题加个标点符号。同学们众说纷纭，有的说加引号，理由是这算什么药，连小栓的病都治不好，更何况疗救中国社会呢；有的说加感叹号，理由是革命者的鲜血竟成了群众治病的药，为革命者脱离群众和群众的愚昧、麻木、落后而震惊；还有的认为加省略号，引起读者深深的思考。这种没有定论的发散性问题最容易引发同学们开放的思维，让同学们带着充分的"心理自由"参与到阅读教学中来。

（三）教法开放

灵活运用多种语文阅读教学方式。除了必要的启发式讲解外，课堂上还可以开展自读探究、切磋讨论、质疑解疑、课文评论、创造性复述等多种活动，让学生有机会参与教学，自由发挥其自身的潜能。比如，在《小麻雀》一文教学时，一开始教师便提出请同学们熟读课文，而后复述。复述的要求是：以"我……的小麻雀"为题进行复述。题目中的省略号要包括两项内容，由复述人自行填入：一项是给"小麻雀"加个定语，表明是什么样的小麻雀；另一项是在第一个字"我"之后加上一个表示思想感情的词，表明我对小麻雀的态度。

在复述中，学生的命题大致可分为下列三种：《我关心困境中的小麻雀》《我可怜受到伤害的小麻雀》和《我同情受欺凌的小麻雀》，在复述中一般都能引用课文中的话来说明自己的看法，比较具体充实且有创意。这种创造性的复述可以充分调动学生参与阅读教学的积极性，有效地训练学生的创新思维能力，促进他们学有独创。

总之，开放的教学是语文创新阅读教学的前提和保证，没有教学开放，就无从谈起语文创新阅读教学。

二、优化审美阅读图式

现代认知心理学家鲁默哈特认为，图式理论基本上是一种关于人的知识的理论。所有的已有知识在头脑中经过类化整理形成了一定的组织，这种组织就是图式。那么，语文阅读图式也就是集合了关于语文阅读对象的具体构成知识。

语文阅读不同于其他学科。就拿其中大量的文学作品来说，作为艺术美的一种形态，是人对现实审美关系的集中表现，优秀的课文，对现实的广泛多样的美的现象，做了程度不同、形式各异的反映，在学生面前呈现出一个万紫千红的美的世界，像《一月的哀思》的情感美、《二六七号牢房》的理想美、《谁是最可爱的人》的风格美、《窦娥冤》的悲剧美、《绿》的语言美、《警察和赞美诗》的结构美等，真是美不胜收。因此，语文创新阅读教学实际上就是引导学生感受美、想象美、理解美、评价美、鉴赏美、创造美的过程。所以，语文阅读图式在一定程度上也就是审美阅读图式。它需要阅读者有一定的文化底蕴、有一定的生活积淀、有一定的审美情感，所有这些都构成了审美阅读的图式。正因为阅读图式的存在才使语文阅读活动得以顺利进行，并呈现出丰富的个体差异和创造性。

（一）审美阅读图式的创新阅读教学作用

审美阅读图式在创新阅读教学中的作用是复杂的，具体来说有以下三种：

1. 预期作用

审美阅读图式对文章体裁有预期作用。面对一篇小说，学生就会希望从中读到生动曲折的故事情节、栩栩如生的人物刻画以及细致入微的心理描写等；面对一篇散文，便会期待着它有精悍的内容、灵活的笔调以及优美的语言等；面对诗歌则会期待着节奏、韵律以及某种抒情意境的出现。

同时，阅读图式总能借助文章前面的内容对后面的内容进行预测。不管是何种形式的预期，都是学生对阅读材料所进行的创造性理解。

2. 补充作用

前文谈过，许多文章尤其是文学作品总设置许许多多的空白有待读者去补充创造。当读者在阅读对象中发现缺少一些特定的、实质性信息的时候，就要启动相关的阅读图式，在阅读过程中去补充和建构有关这些部分的信息。也就是说，由于审美阅读图式的补充作用，文章中的"空白"和"未定点"会在阅读主体和记忆中呈现出来，并参与理解创造活动。例如，在小说《药》中，对夏瑜出生于一个什么样的家庭，为什么能够较早投身革命是一处"空白"，但小说中出现的有暗示性的线索，比如，阿义向夏瑜"盘盘底细""夏三爷"和"夏四奶奶"的称呼以及夏瑜的名字，还有夏瑜的母亲上坟时提着的"破旧的朱漆圆篮"等。如果读者具备了相应的阅读图式，就会创造性地补充出下列隐含的信息：阿义向夏瑜盘底细，说明夏瑜有一定的来历和背景；只有富贵人家的男子和妇人才可以称"爷"和"奶奶"；"夏三爷"和"夏四奶奶"的称谓说明夏家乃富贵人家；而"瑜"字本身也暗示着夏家是书香门第；"朱漆圆篮"是十分讲究的有钱人家的日用品，但"破旧"二字又意味着曾经富有的夏家现已败落。通过这些创造性补充，读者就很容易推断出夏瑜受过良好教育，比一般老百姓更早地接触新文化、新思想，因此能够较早地投身于革命。

3. 选择作用

审美阅读图式的选择作用体现在两方面：一方面是指在阅读过程中图式被激活后，它会不断地从自身储存的信息中选择最合适的部分来解释阅读内容；另一方面是指在阅读完成后，图式将对文章中出现的新信息进行有选择的整理和类化，把它们纳入自己的结构。

审美阅读图式的预期、补充和选择作用在创新阅读中不是彼此孤立、互不相干的。它们互相渗透、相互包容，在语文阅读过程中相互影响、紧密联系，共同发挥作用，完成对文章的创造性理解。

（二）审美阅读图式创新阅读教学的方向

审美阅读图式的形成与主体的文化修养、生活经验、审美情趣和思想倾向等密切相关，它是语文创新阅读教学不可或缺的基础和前提。

1. 文化图式方向

讲到文化，当然首先是指本民族的文化。我们的中学生对于祖国传统文化的了解，其贫弱状况不言而喻。上起先秦，下迄五四，浩浩荡荡的巨流、璀璨迷目的浪花，他们接触了多少、知道了多少、记得了多少、濡染了多少？因此，在阅读教学中，我们应该有意识地加大灌输传统文化知识的力度。除了充分利用现行教材中的文化资料，还应考虑从课外加以补充，例如，教材中文化常识单元的知识短文和附录选文，不能草草处理，除了经典作品如《诗经》《楚辞》唐诗宋词等名篇要多让学生背诵，还要增加营养，补充一定的古典文学精品。

新时期以来，各个学术领域均提供了为数不少的新成果，展示着新的思想观念。它们应该是当代中学生文化素质不可缺少的重要构成因素。为此，在阅读教学中，教师应充分发挥能动作用，经常向学生推荐各类报刊上高品位的时文，特别是那些思维新颖、启人心智的好文章，丰富学生的文化图式，为创新阅读打下良好的基础。

2. 生活图式方向

阅读课有其独特的特点，其中许多文章都来自作者对生活的体悟。如果学生对丰富多彩的生活没有深刻的体会，就很难对文章进行创新阅读。比如，如果学生没有父母钟爱自己的生活感受，就不可能真正体会到《背影》中父送子上车、父为子买橘子等这些微小事所表现出来的父子之间的至亲至爱至真的亲情。相反，学生有了"漆黑的夜晚，一只萤火虫从面前飞过；半夜从噩梦中惊醒，母亲拧亮了台灯"那种对亮光的感觉，就会真正理解巴金的《灯》中关于"光明、温暖和希望"的象征意义。因此，在阅读教学中，我们要切实把握"语文学习的外延与生活的外延相等"，引导中学生走出课本，走出课堂，走出校门，去仔细观察生活，亲身体验生活，去领略生活的五彩缤纷，体悟人生的苦辣酸辛，拓宽他们的视野，活跃他们的思维。

同时，还要引导学生用审美的眼光对生活进行艺术感受，注重形象的捕捉以及对美点的发现，使学生学会无论对人、事、物，哪怕是极为普通，甚至是很枯燥的素材，也尽可能认识到一种品格、一种情趣、一种哲理、一种时代精神，就像杨朔对于蜜蜂的审美感受认识（《荔枝蜜》）、峻青对于秋的审美感受认识（《秋色赋》）一样。这样，学生懂得了审美创造的规律，又与生活接触，就很容易碰撞出灵感思维的火花：一抔黄土，可引起故乡的恋情；一株杨柳，可想到友谊的珍贵；一朵秋菊，能产生青春的遐思；一片朝霞，预示出兴邦伟业；绚丽夕阳，寄托了老母亲的嘱咐；山泉春雨，似同窗话知心……

当然，学生社会生活的主要天地还是校园，为了利用一切空间和时间丰富学生的生活图式，我们应该让教室窗明几净，朴实美观；让校园百花争艳；语文班会的设计，尽可能富有诗情画意；课外阅读活动，尽可能情趣盎然；板报和校园文学社团的刊物，应更具美的魅力；师生的衣着、言谈举止，也应追求具有时代风尚的健康美。这一切会对学生生活图式起到良好的潜移默化的填充作用。

3. 情感图式方向

长期以来，我们在过分强调知识点的同时忽略了对中学生审美情感的培养，这恰恰是语文创新阅读教学所必不可少的因素。

现行中学语文教材中，属于文学或准文学性质的约占70%，从这些古今中外的优秀篇章中，接受健康的、崇高的情感与美的熏陶，这固然也有认知的成分，但从根本上说，是属于审美的。议论文中思辨的美能让人明辨是非，评论曲直，宣扬真理，批评谬误；诗歌中的韵味美、跳跃的节奏、深邃的意境让人余音绕梁、回味悠长；散文中的意趣美和辞采美给人一种充满乐趣的精神享受；小说中的人性美和人情美能给人以灵魂的陶冶。因此，在阅读教学中，教师应切实把握各种文体的特点，努力培养学生的审美情感。比如，《百合花》既展示了革命英雄的风貌，又可滋润青少年高尚的情操；《祝福》既鞭挞了封建社会的腐朽，也激发学生更热爱社会主义的今天；《最后一课》既表达对侵略者的民族仇恨，也教育学生要爱我祖国；《游黄山记》既描绘了壮丽多娇的山河，也激起学生对生我养我的故土的深情；《茶花赋》既可愉悦身心，也可催人上进，等等。教材中的这些情感美交相辉映，为学生敞开了进入美的大门，当学生一旦拥有这些，真有"不识庐山真面目，只缘身在此山中"的感慨。

同时，还应引导学生学会对生活融进自己的感情，带有自己的情感倾向。善于体会人的心灵的优美和高尚，对他人的不幸遭遇善于从心底里唤起同情，并能对灵魂丑恶、肮脏的人憎恶之、痛恨之，逐步加深对人生喜怒哀乐、悲欢离合的情绪体验，就像鲁迅对旧中国人力车夫的感受认识（《一件小事》）、艾青对苦难的保姆（《大堰河——我的保姆》）的感受认识一样。只有这样，学生才可能与作品形成共鸣，真正地走进作品，为人物的乐而乐，为人物的悲而悲，达到创新阅读的理想境界。

这样，通过课内课外的结合，学生的审美情感和审美能力有了提高，就会使他们的审美阅读图式更加丰富多彩，为语文创新阅读教学奠定良好的基础。

三、激活形象思维

形象思维是一种以客观形象为思维对象、以感性形象为思维材料、以意象为主要思维工具的思维活动。语文教材，尤其是其中大量的文学作品，大多是形象思维的结果，语文阅读也时刻伴随着形象思维。因此，激活形象思维就成了语文创新阅读教学的核心任务。形象思维最主要的构成因素是想象。想象是在已有的表象的基础上建立和创造新形象的心理过程，其特点是生动的再造性和独特的创造性，它分为再造想象和创造想象。

想象，尤其是创造想象是语文创造性思维的一种独特形式，也是语文创新阅读教学不可缺少的心理条件。因为阅读教材只是一系列语言符号的集合体，不像绘画、雕塑、舞蹈那样可以提供直观的形象去让人展开认识活动。读者只有根据语词提供的信息，启动相关的审美阅读图式，通过再造性想象，再造出与这些语言符号相应的栩栩如生的形象，才能获得对语言的切实理解和真实体味，才有可能深入作者写作的心灵世界，探求到作品的思想内涵。在阅读中，从课文语句的理解到全文思想、形象和意境的把握，都需要借助想象的创造功能来完成。即使是议论文，也反映了社会生活情景，也有背景材料，阅读议论文也不能离开想象。

想象伴随着语文阅读的始终，就语文创新阅读来讲，它主要体现在"空白"想象和发散想象两方面。

（一）"空白"想象

所谓"空白"，主要指文学作品中未明确写出的部分，它是文中已实写的内容向读者所暗示或提示的部分。"空白"较多地存在于文章的各层结构中，最明显的是存在于情节结构层面上。

格式塔的心理学派"完形压强"理论认为，人们通过感官知觉所得到的是一个个"完形"，人的心理对环境提供的完形作用，就是学习。当人们在观看一个不规则、不完满的形状时，会产生一种内在的紧张力，迫使大脑皮层紧张地活动，以填补"缺陷"，使之成为"完形"，从而达到内心的平衡。

在艺术创造中，艺术家往往通过"空白"和"不完满"的"形"给欣赏者以无限广阔的想象空间，造成更大的刺激效果。古希腊的维纳斯女神雕像，是举世公认的稀有之宝，那两条断了的手臂给人们留下了无尽的遐想。中国画中，画家为了在有限的形象之外寄托无尽的意趣，往往在画面上留出大片空白，启发欣赏者自己去想象和补充，能得到较之整个画面还要多的艺术韵味，被西方称作"未完成的杰作"。因为它巨大的艺术魅力正在于它的"空白"之处。故中国古典画论中有"无画处皆成妙境"之说。选入中学语文教材的课文，大部分都是古今中外名家的名篇，内容含蓄，语言凝练，作者独具匠心地为读者留下了耐人寻味的艺术"空白"，成为教材中最能激发学生思维的"想象点"。因此，在创新阅读教学中，按照格式塔"完形压强"理论，充分利用教材提供的"空白"，激发学生的求知欲望，引导学生去创造想象，填补这些"空白"，行程"完形"，将会收到意想不到的创新阅读的成果。

1. 对教材中的文字"空白"展开想象

鲁迅的小说《祝福》中，写鲁四老爷书房壁上的对联时是这样写的："……一边的对联已经脱落，松松的卷了放在长桌上，一边的还在，道是'事理通达心气和平'。"教学时，教师可告诉学生，据有关资料介绍，放在长桌上的那一联是"品节详明德性坚定"。这副对联宣扬的是理学家的自我修养的标准。那么，鲁迅为什么不直接写书房的对联如何，而故意写其中的上联"已经脱落，松松地卷了放在长桌上"呢？这是作者设置的一处空白。引导学生联系鲁四老爷对祥林嫂的冷酷与摧残，便不难想象，鲁迅描写这副"不全"的对联，实际上是对鲁四老爷的辛辣讽刺。这处空白含蓄地告诉我们，在鲁四老爷心目中，理学家的自我修养的标准只是个幌子，他并不想去实行。

2. 对课文中故事情节的"空白"展开想象

情节是叙事性文学作品中展示人物性格特征、表现人物之间相互关系演变的一系列生活事件的发展过程。有的文章，由于作者构思炼意、谋篇布局的需要，往往省略了一些情节。教学时，可引导学生展开想象，去填补这些"空白"。

以鲁迅的《孔乙己》为例，文中写道："我到现在终于没有见——大约孔乙己的确死了。"学生读到这里会思索孔乙己究竟是怎么死的？这时教师可启发学生联系前文孔乙己的社会地位、性格、品行进行思考，这样不少同学能认识到：孔乙己受封建教育制度的毒害而好逸恶劳、四体不勤，又死要面子，被丁举人打折腿后，连"窃"也不能，其结局的这一空白点充溢着作者独特的感情。

到这里学生的想象翅膀已展开，并各抒己见，填充这一情节空白：有的说孔乙己在冰天雪地中冻死，有的说活活痛死，有的说饿死……有的同学还把孔乙己的死与阿Q、祥林嫂之死相比较，认为孔乙己的可悲之处在于在一般人眼里居然平淡得不值一提。

3. 对作品中思想感情的"空白"展开想象

在一些文章中，作品所表达的思想感情常常不直接说出来，而是借助某些形象含蓄地表达出来，让读者想象。巴金的《灯》是一篇运用象征手法，寄寓深刻哲理的散文。作者托意于物，用细腻的文笔，写自己从睡梦中惊醒后看到的黑夜中的几点灯光，写自己见到灯光的感受，写欧洲古代传说里有关灯光的故事和友人投河遇救的故事，一层一层地抒发作者从"苦闷"到"微笑"的心情。教学时，教师应引导学生通过作品中启发性、暗示性的语句进行联想和想象，去创造性地挖掘作品中隐藏着的"言外之意"，从而体会"灯"的象征意义。

朱自清的《荷塘月色》一开头写"这几天心里颇不宁静"，为什么心里"不宁静"呢？这就要让学生了解时代背景和作者的思想，以填补作品中这一思想感受的"空白"。作者曾参加过"五四"爱国运动，是一位有着强烈爱国主义思想的知识分子。1927 年 4 月 12 日，蒋介石发动反革命政变，大肆屠杀共产党人，使国家人民陷于水深火热之中。作为一个还没掌握马列主义的知识分子，作者既对现实不满，又无法理解这样复杂的斗争形势，于是"心里颇不宁静"，在夜深人静的时候忽然想到荷塘去，找一个幽静的环境平息自己心中的不平静。了解了这一点，就可以理解课文中"这几天心里颇不宁静""这令我到底惦着江南了"等语句所蕴含的深刻含义以及作品所表达的思想感情。

4. 对作品中人物描写的"空白"展开想象

朱自清的《背影》一文对父亲的肖像没有做详细的描写，只用极其简练的背影轮廓画，创造出一种意蕴丰富、耐人寻味的艺术境界，给人以自由想象的广阔天地。教师可引导学生从这幅淡淡的背影轮廓画中去想象这位进入暮年、老态龙钟的父亲为给儿子买橘子努力挣扎攀登月台时吃力的神态，或咬牙使劲，或汗溢面颊，想象其甘心为儿子奔波的情怀，从背影中还可创造性地想象"父亲"家道日衰的过去或离"大去之期不远"的未来，进而想象到千千万万个旧知识分子困顿的生活以及当时暗无天日的社会现实。

5. 对诗歌中隐含的艺术"空白"展开想象

在文学作品中，诗歌更凝练、更含蓄，诗句的跳跃性使诗歌本身呈现出更多的空白。如《登鹳雀楼》一诗，四句，二十个字，展现了一幅多么广阔的情景，显示出深刻的哲理光辉和进取精神。以"黄河入海流"一句为例，不仅需要学生进行再造想象，尤其需要创造想象，才能映现出作为中华民族摇篮的黄河那汹涌奔腾、一泻千里的非凡气势及旺盛的生命力和高昂的激情，才能理解登楼远眺的诗人面对气势恢宏的壮景所产生的无限遐思与奔涌的情感。创造想象可以突破时空界限，将知识引申和深化，使思维的创造力得到爆发。

在有些诗歌中，作者不实写，仅仅在虚处着笔，让读者去想象，去感受和体味那字句之外隽永深长的情思和意趣，以收到言尽意不尽的艺术效果。在陶渊明的《归园田居》中，诗人运用白描手法，寓情于景，描绘出一幅优美的田园风景，表现诗人对田园生活的感受。同时，这首诗表现出对官场生活的厌恶。教学时，应启发学生根据诗句展开想象，认真分析。如对"尘网""羁鸟""樊笼"的理解，就要求学生了解陶渊明所处的时代背景和他的生活经历，以正确理解诗中对黑暗现实和官场生活的批判和否定，从而理解作者所表达的思想感情。

总体来看，在创新阅读教学中，合理利用教材中的艺术"空白"，引起学生心理上追求完整的倾向，对发展学生的想象能力、思维能力无疑是大有裨益的。此外，教师还应精心设计课堂教学结构，有目的地设置"空白"，充分利用板书、质疑等各个教学环节，给学生思考的余地，激活他们的形象思维，以收到"言虽尽而意无穷"的创新阅读教学效果。

（二）发散想象

发散想象是创造性思维最主要的心理成分。它的特点是以一个问题为中心，突破原有的知识圈，从一点向四面八方想象，从各个不同的角度或侧面进行想象，让思维多向流动，以获得解决问题的全部可能。

这种想象既无一定的方向，也无一定的范围，允许对问题标新立异，在方向上可以"海阔天空""异想天开"，从已知的领域去探求未知的境界。所以，这是一种开放性的思维方法，是创造性思维的体现。发散想象对于打破思维定式，开阔阅读思路，培养思维的挑战性与创造性都具有重要意义。

语文创新阅读教学尤其需要发散想象。因为作品中形象、主题和思想感情的不确定性，需要作者放开手脚，打开思路，从不同的方面和方位去思考，从而发现许许多多不同的问题，得出不同的结论，正是"横看成岭侧成峰，远近高低各不同"。在语文创新阅读教学中训练学生发散想象的方式有如下两种：

1. 对现成结论提出挑战

《项链》中的主人公路瓦栽夫人是一个具有极强虚荣心和追求享乐思想的小资产阶级妇女形象。对于这一定论，可以运用发散想象去质疑：路瓦栽夫人真的具有很强的虚荣心和追求享乐的思想吗？课文中讲到她为不能讲究打扮而感到不幸，为不能过高雅奢华的生活而痛苦，为没有参加晚会的穿戴而郁闷忧伤，结果才造成以后一连串的不幸。看来原结论果然不错。至此，仍可以继续想象：路瓦栽夫人仅仅是一个爱慕虚荣的人吗？

比如，在舞会上丢失了朋友的项链后，她没有躲避，没有赖账，没有买一条假项链还给朋友，也没有自杀，而是努力去设法赔偿，然后又用自己的劳动和节俭来还债。连作者自己也说："她一下子显出了英雄气概，毅然决然地打定了主意。她要偿还这笔可怕的债务。她就设法偿还。"这不是说明了她性格中不仅有追求享乐、爱慕虚荣的一面，也有敢于面对现实、勇于战胜自己的一面吗？

通过这样的发散想象及在反复阅读中进行验证，说明这一想象的结果是很有价值的，它不仅促使学生去认真研读课文，加深认识，还开拓了思路，取得了意想不到的创造性收获。

又如，《背影》中的父亲是一个慈祥平和能直面惨淡人生、既疼爱儿子又得到儿子爱戴的父亲形象。但我们也不妨试问：父亲真的疼爱儿子吗？儿子真的爱戴父亲吗？一个二十岁的小伙子，又有数次上京的经验，做父亲的却如此不放心，先是要茶房陪着同去，后来索性亲自去送行。父亲若是真心疼爱儿子，就应给他以培养自立能力的机会。况且，既然父亲能直面惨淡的人生，也应该懂得教育儿子早日自立。还有，课文中在父亲和脚夫讲价钱时写道"我总觉得他说话不大漂亮"，当父亲千叮咛万嘱咐时，"我"却觉得他小看自己，"心里暗笑他的迂腐"，这能说明儿子爱戴父亲吗？从以上分析看，这一发散思维的结果确乎有点道理。为了取得进一步的验证，还应再从课文中寻找自我反驳的论据。通过对课文的深入理解可知，《背影》的故事发生于 1917 年，正值军阀混战、天下大乱。父亲对单身独往北京的儿子极不放心应该是人之常情，当时的父亲，丧母失业，一身重债，光景惨淡，再也经不起雪上加霜的风险，因此他用了"双保险"的办法送子北上。何况，当时的父亲，精神极度痛苦和空虚，儿子的北上使父亲更加孤苦寂寞，即使能与儿子多待上一会儿也是一种莫大的安慰。出于这种心境，他送儿子一程应该无可指责。另外，用现代人的思想观念去苛求中国的旧知识分子，也是不妥的。经过这一番发散性想象，已经可以认识到"父亲不真心疼爱儿子"是站不住脚的。再来看儿子对父亲的态度：当父亲送儿子北上读书时，儿子对父亲给予他的精心照顾与关切不够理解，认为父亲说话不漂亮，小看自己，"心里暗笑他的迂腐"。但时至今日，经历了人生沧桑的"我"对当时的情感进行了再回味、再体验，对父亲在那样的特殊背景下所做的一切有了深切的理解，并因自己未能体谅父亲的一片苦衷而时时流露出自责的情感，这种自责正好从另一个角度表现出儿子对父亲深深的爱戴之情。

看来，"儿子不爱戴父亲"的结论也不成立。以上的发散思维的结果虽然没能推倒原来的结论，却使学生对原结论有了更为深入的理解和认识。

2. 对思维定式提出挑战

培养学生的发散想象能力，在引导学生吃透问题、把握问题的实质的前提下，关键是要学生能够打破思维的定式，改变单一的思维方式，想人所未想，见人所未见，力求得到合理的，然而又是新颖的与众不同的思维结果。课文《愚公移山》是通过"移山"来表现古代劳动人民不怕困难、人定胜天的坚定信念，可让学生进行这样的发散想象：愚公为什么不移屋？既然愚公"惩北山之塞，出入之迂"，把家搬出去不就万事大吉了吗？这个问题实际上是对思维定式的一种挑战。当大家都围着"移山"与"不移山"两个观念打转时，有些学生却能跳出这个圈子另辟蹊径，提出是"移山"还是"移屋"的问题。当然，通过分析可以知道，愚公不移屋而移山是有他的道理的。从历史角度看，环境不允许，还有旧的乡土观念的影响；从题材看，本篇是神话故事，只表明古代人民崇尚"见难思变"，鄙视"见难思迁"的思想意识。但这毕竟是一种有益的探索，有助于培养学生思维的灵活性、变通性，对深入理解课文也大有好处。在语文创新阅读教学中，教师除了鼓励学生的挑战精神之外，更要注意培养学生排除思维定式影响的能力，善于从多角度、多层面考虑问题、提出问题，从而使阅读课真正起到锻炼思维、培养创造性阅读能力的作用。

四、指导创新性赏读

（一）赏读的内涵

赏读就是阅读欣赏，语文阅读的审美特质决定了赏读是语文阅读所特有的形式。赏读包括对课文美的感受、体验、发掘和批判，是一种情感活动和认识活动相交融的心理过程。赏读是在理解课文的基础上，进一步对课文进行体味和认识，以期发掘课文的内在意蕴，丰富和深化对课文的理解，把握课文的真谛和秘密，获得高层次的审美享受。

赏读不仅是接受性阅读所必需的，更是创新阅读所必需的。创新阅读要求有所发现，得出以前未曾有过的答案，产生创造性结论。创新阅读的主体性最强。而赏读正是阅读主体对客体的自我审美体验，读者要通过自己的思维活动，展开丰富的想象和联想，才能对文章所提供的艺术形象进行再创造。在赏读过程中，学生是以自己的思想认识、情感态度来审视品味文章的，表现出欣赏主体强烈的个性色彩。超常的赏读能力可以让学生进入自我创造的崭新境界。因此，创新阅读教学应该加强学生对课文赏读的训练，使他们在阅读过程中始终充盈着创造的活力和欲望。

（二）创新性赏读应注重的问题

语文教师指导学生进行创新性赏读时应注重以下问题：

首先，充分发挥赏读的主体性。赏读具有鲜明的欣赏主体性。学生获得美感享受和审美教育是其发挥主体意识，同课文的思想感情产生共鸣的结果。

其次，引导学生深入辨析语言。任何文章都是以语言符号为思想感情的载体并与读者交流实现审美功能的。因此，创新赏读必须紧扣语言文字，深入辨析领会，让学生透彻感受渗透于语言文字中的内蕴，从而进入欣赏创造的天地。

最后，指导学生再造课文意蕴。课文赏读，势必受课文意境和思想意蕴的制约，但不能亦步亦趋，只再现有关的情境，从原作中被动地接受一些东西，而应充分发挥欣赏主体"自我"的作用，带着被原作所唤起的全部激情和想象、理智及思考，自由大胆地进行再造活动。例如，老舍的《麻雀》最后一段写道："小麻雀身子长出来一些，头挂得更低，似乎明白了一点什么。"小麻雀究竟明白了什么？这是作者留下的一处空白，可以指导学生见仁见智，得出不同结论，这本身就是阅读中的一种再创造。有些课文，作者的本意不在创作某种意蕴，但笔端的自然流露却构成了这种意蕴。比如，朱自清在《绿》中写道："那醉人的绿呀！我若能裁你以为带，我将赠给那轻盈的舞女，她必能临风飘举了。我若能挹你以为眼，我将赠给那善歌的盲妹，她必能明眸善睐了。"这里，作者意在极写绿的魅力，但作者的赠予对象不是什么太太小姐、才子佳人，而是身处社会底层的"舞女"和"盲妹"。这是作者与天下弱小者分享美的事物的思想感情的自然流露，是朱自清高尚、博爱情操的自然体现。这些意蕴，也许作者并未有意抒写，在创新赏读中，可指导学生精读细研，让他们调动自己的知识经验进行再创造，从而获得真正的创新阅读的成果。

（三）创新性赏读的实践路径

创新性赏读可从比较式赏读和探究式赏读加以展开。

1. 比较式赏读

（1）比较式赏读的内涵

比较是人类重要的思维方法，有比较才会有鉴别，才会有新的认知。人们认识事物，把握事物的属性、特征和相互关系，都是通过比较来进行的。只有经过比较，区分事物间的异同点，才能识别事物，把它归到一定的类别，进而获得认知，并可突破原有的认知模式，获得创造性的认识。

在创新赏读中引导学生比较，主要是引导学生通过探求作品间在内容或形式上的异同关系，来全面深刻地理解作品的内容与形式，激发学生的探索兴趣，开拓思维的深度和广度，提高学生的创新阅读水平。

对某些诗文来说，如果孤立地去赏读它，往往不能领会它的妙处，但如果和另外一些诗文比较赏读，便可理解其深刻的含义。例如，同是写"愁"，李白是"白发三千丈，缘愁似个长"；李煜的是"问君能有几多愁，恰似一江春水向东流"；李清照则是"只恐双溪舴艋舟，载不动许多愁"。把这些句子比较赏读就可看出，三人都把不可捉摸的愁化作触手可及的形象。但同中又有异：李白以白发之长写愁绪之长；李煜则以流不尽的江水来描写"忧愁的绵绵不尽"；李清照用船载不动来形容愁苦之沉重。

又如，同是写雪，岑参的《白雪歌送武判官归京》写得新奇壮观；柳宗元的《江雪》写得凄清冷峻；而毛泽东的《沁园春·雪》意境高妙，气魄恢宏。诚然，比较的内容是多方面的，有题材比较、体裁比较、主题比较、人物比较、环境比较、写作风格比较等。可以说，小起字词乃至标点、注音，大到篇章结构、布局谋篇，都可进行比较，进而区分优劣、辨别高下，提高创新阅读能力。

（2）比较式赏读创新的注意事项

语文教师以比较赏读指导学生进行阅读创新时，要做到以下三点：

①选好比较点，发挥阅读主体探求的积极性。阅读比较的有效训练，首先要调动学生求知的热情，而比较点的选定对学生创造热情的激发至关重要。选择比较点应根据教学目的，从学生已有的知识经验出发，确定比较的范围，考虑比较的角度。例如，教《师说》时，为了让学生掌握"说"这种文体的特点，可让学生联系初中阶段学过的《黄生借书说》《马说》《少年中国说》《捕蛇者说》等文章，通过比较，分析归纳出它们的共性，"说"是古代一种以议论为主的文体，具有现代杂文、杂感的特点。这样的比较容易收效，因为学生有知识积累，思路开阔，处于主动地位，教师稍加点拨，因势利导，便能激发学生探索的热情。同时，比较点应产生"投石见波"的效应，让学生在比较中思维迅速扩散，形成"叶叶相交通"的知识网络，把比较放在整个知识积累系统的主体空间中加以思考，使思维能够克服定式和僵化，从惯性的线性思维、平面思维飞跃到立体思维，处于积极的探寻、创造的状态中。

②引导学生辨析材料的异同，发展其语文创造性思维能力。比较的基本功能在于求同辨异，把握事物的共性和特殊性。在比较赏读训练中，教师应引导学生精读、辨析语言材料，注重寻求它们之间的共同点和不同点。例如，学习《孔乙己》一文时，可让学生先反复阅读课文，理解文章所揭示的主题，明确文章刻画人物的方法，然后让学生比较阅读《范进中举》，辨析两篇文章在主题和刻画人物方法上的相同之处，即两文都不同程度地揭露了封建社会的腐朽黑暗，尖锐抨击了封建科举制度摧残、腐蚀知识分子的弊害和罪恶；两文都用了对话描写的方法，对话各具个性。同时，还需引

导学生辨析两文在刻画人物方法上的不同之处：《孔乙己》主要通过肖像、动作和神态描写刻画人物，《范进中举》则主要采用对比、夸张和讽刺的手法刻画人物。通过这样的比较赏读，能使学生更深入、更全面地理解读物，发现和把握它们各自不同的个性和特点，逐渐达到创新阅读的水平。

③指导学生精细研读材料，求得比较创新。指导学生在赏读中比较，必须指导学生对材料细读深究，进入作者写作的心理过程，悉心体味、感悟、把握和领会作者运笔的思路，才可能准确辨识材料的异同，发现相同材料的细微差别和不同材料近似的规律。例如，赏读王昌龄的《芙蓉楼送辛渐》，为了领会诗的主旨、情调，可与高适的《别董大》相比较。两首诗就内容来说都是送别诗，形式都是七绝，写法上都是先景后情，由景而情。但二诗又同中见异。

这其中的"异"正反映出它们各自的主旨和情调，使得二诗的神韵有了截然的区分。两诗比较，最重要的是必须让学生细致辨析、品味它们切入、运笔和落点的不同：王诗不写依依不舍，没有细语叮咛，不言日后思念，而写秋雨连江、楚山孤寂，突出"洛阳亲友如相问，一片冰心在玉壶"，诗的情调悲哀孤寂，借送别以明心志。而高诗写景荒寒黯淡，重在以哀景衬"莫愁前路无知己，天下谁人不识君"之情。高诗刚健质朴，无缠绵之情，无哀怨之语，情绪昂扬，胸襟开阔，借送别以劝友。经过这样的赏读和对比，学生便能切实把握和领会诗的主旨和情调，使创新阅读收到实效。

2.探究式赏读

（1）探究式赏读的内涵

探究式赏读是指读者带着一种探索发现的动机进行阅读欣赏，它的方式多种多样，这里着重谈一谈最重要的一种方法——质疑。

质疑是在阅读过程中不断发现疑问，进而分析疑问、解决疑问的阅读方法。宋代学者朱熹就极力主张此法，他说：读书有疑者，须看到无疑，无疑者，须看得有疑。有疑者看到无疑，其疑犹浅；无疑者看得有疑，其学方进。质疑赏读是语文创新阅读教学常用的方法，也是培养创造型学生的一个重要方法。它有利于促进中学生高品位思维的形成。在赏读中质疑，会使学生的思维受某一具体的现实问题的激发，形成"发现问题—分析问题—解决问题"的阅读过程。在这一过程中，学生又会通过查阅资料、互相探讨、请教语文教师等方法不断扩充知识的范围和容量，并通过艰苦的探索与实践，填补自己的"不知"和"不能"。于是，学生不断地从"未知"走向"已知"，又从"已知"走向新的"未知"。这种"知"与"不知"、"能"与"不能"的不断交替，极利于高品位思维的形成。而这种高品位思维也正是创新阅读所必需的。同时，质疑赏读还有利于培养中学生的语文创造能力。有了质疑，就会自然而然地产生解决问题的需要，久而久之，语文创造能力在这种阅读环境中就会得到培养。事实上，凡是具有创造意识和创造才能的人，无一不是质疑问难的高手。

（2）探究式赏读创新的注意事项

①语文教师要让学生知道应在文本的什么地方展开质疑

一般来说，语文教师可从以下六个典型的地方展开质疑：第一，在读到感觉矛盾的地方质疑。例如,《孔乙己》最后一段:"我到现在终于没有见——大约孔乙己的确死了。"这句话中的"大约"和"的确"的含义是矛盾的,两词并用,有什么弦外之音? 第二,在文章未尽之处展开质疑。如老舍的《小麻雀》结尾,写小麻雀"身子长出来一些,头挂得更低,似乎明白了一些什么"。小麻雀到底明白了些什么呢? 第三,在感到题文不对的时候进行质疑。《驿路梨花》写一个名叫梨花的姑娘学习雷锋的故事,但课文开头为什么要描写一片梨树林? 而结尾又要引用"驿路梨花处处开"的诗句? 第四,在文章多次反复处展开质疑。朱自清的《背影》一文中四次写到父亲的背影,这四次"背影"所指是否完全一样? 文中多次写到"我"的流泪,每次流泪的感情又是否相同? 第五,在感到无疑的地方进行质疑。如《一件珍贵的衬衫》开头说到"我"捧着衬衫,这个"捧"字能否换成"拿"? 第六,对耐人寻味的句子进行质疑。朱自清在《春》一文中写道,"春天像健壮的青年,有铁一般的胳膊和腰脚,领着我们上前去"。春天为什么像青年? 春天为什么有"铁一般的胳膊和腰脚","领着我们上前去"是什么意思?

②语文教师要教会学生具体的质疑方法

第一,直接质疑法。直接质疑法是将头脑中的疑问用直接问题的形式固定下来的质疑方法。它常以诸如"为什么""怎么样""怎么会"等直接询问的形式出现。如老舍的《济南的冬天》里偌大个济南城看上去怎么会像一个睡在摇篮里的婴孩? 直接质疑法是一种初级的质疑方法,也是十分重要的基础质疑法,常用于语文创新阅读教学的起始阶段。在深入阅读时,常先用直接质疑法将头脑中的疑念以最快速度固定下来,然后细细咀嚼分析,从而进一步提出更为深刻的问题。

第二,比较质疑法。比较质疑法是通过比较提出问题的质疑方法。与直接质疑法相比,比较质疑法不是把头脑中的疑念直接转化为问题提出,而是将疑念进行一番分析、比较等加工整理后,从中挖掘出更为深刻的疑问。

比较质疑法有多种形式,可以进行前后比较质疑、通过参照比较质疑,还可以通过同中求异、异中求同的比较进行质疑。下面举例谈谈同中求异和异中求同的比较质疑法。首先是同中求异。通过比较分析,从相同中找出不同,并提出疑问。比如,朱自清在《背影》中有这样一段描写:我"到徐州见着父亲,看见满院狼藉的东西,又想起祖母,不禁簌簌地流下眼泪。父亲说:'事已至此,不必难过,好在天无绝人之路'"。通过阅读我们知道,当时"我"的祖母死了,父亲的差使也交卸了。为了还亏空,父亲将家里的东西"变卖典质",为办丧事,又借了不少钱,还要送儿子读书。钱从哪儿来? 今后的日子该怎么过? 一系列难题摆在父亲的面前,作为家庭"顶梁柱"的父亲肩负着多么沉重的生活负担是可想而知的。照理说,最难过、最痛苦的是父亲而不是儿子。但是,面对同样的家庭不幸,儿子不禁潸然泪下,父亲却说出"好在天无绝人之路"的话。通过分析比较,我们发现父子对同样的不幸表现出不同的态度。由此可以进一步质疑:作者为什么要写父子对同一事情的不同态度? "天无绝人之路"是什么意思? 父亲为什么对儿子说"好在天无绝人之路"? 等等。其次是异中求同。通过对不同事物的分析比较,寻找它们之间的相同因素,并提出质疑。鲁迅的《从百草园到三味书屋》描写了百草园自由欢快的生活情趣和三味书屋读书生活的枯燥乏味。但是，尽管三味书屋的学习乏味枯燥，可孩子们天真烂漫、好奇贪玩的天性并未因此而改变。课文中写道："先生读书入神的时候，于我们是很相宜的。有几个便用纸糊的盔甲套在指甲上做戏。我是画画儿，用一种叫作'荆川纸'的，蒙在小说的绣像上一个个描下来，像习字时候的影写一样。"由此可以提出质疑：孩子们的童心并不因生活环境的改变而改变，为什么？如果遇到一个常动戒尺的严厉先生，孩子们的童心会泯灭吗？在两个截然不同的环境中，童心的表现形式有何不同，等等。

第三，假设质疑法。假设质疑法是通过假设课文中没有的或与课文情节发展相反的情况，提出疑问的质疑方法。假设质疑是有助于发展推想与想象能力，获得创造性见解。比如，《我的叔叔于勒》一文中写到"我们回来的时候改乘圣玛洛船，以免再遇见他"就戛然而止。于勒叔叔的事情是否被别人知晓、于勒叔叔今后怎样，小说并没有提及。于是，我们可以假设：假如事情终于败露，故事会怎样发展呢？假如于勒叔叔的事情始终没败露，情节会是怎样？假如于勒叔叔后来真的发了财，会怎样？假如船上的一幕是于勒叔叔与他的朋友船长串演的试探兄嫂的戏，情节又该怎样发展？又如学习《项链》时同样可以指导学生提出一系列假设式的疑问，如假如故事继续写下去，会有什么事情发生？假如路瓦栽夫人当初根本就没有借到项链会怎样？假如她没有丢失那串项链会怎样？假如她丢失项链后直接向朋友说明情况会怎样？假如她知道丢失的是一条假项链，情节又会怎样发展？等等。

总之，指导创新性赏读，不管是指导学生比较式赏读，还是指导学生探究式赏读，都有助于丰富学生的联想和想象，拓展学生的阅读思路，训练学生的创造性思维，使学生获得创新阅读成果。所以它是实施语文创新阅读教学的必要途径。

参考文献

[1] 杨小波．语文教育教学实践探索 [M].北京：中国原子能出版传媒有限公司，2021：11.

[2] 阿布都外力·克热木．国研文库 高校语文教育教学新论 [M].北京：光明日报出版社，2021：6.

[3] 文智辉．大学语文教育与教学研究 [M].长沙：湖南大学出版社，2019：12.

[4] 周一贯，俞慧琴著．语文智慧教育的教学智慧 [M].宁波：宁波出版社，2015：3.

[5] 于漪主编．语文教育微思考 构建灵动的语文课堂教学 [M].上海：复旦大学出版社，2014：9.

[6] 孙立华．基于核心素养的语文教学实践 [M].北京：线装书局，2022：1.

[7] 蔡伟，李莉主编．现代语文教学方法案例分析 [M].银川：宁夏人民教育出版社，2021：10.

[8] 邓钗．互联网时代大学语文教学策略创新研究 [M].北京：九州出版社，2021：8.

[9] 肖建云．语文课程体系新构想 [M].北京：中国书籍出版社，2021：6.

[10] 张玉波．优化语文课堂教学艺术 [M].长春：吉林人民出版社，2021：5.

[11] 徐礼诚．传统文化与语文教学 [M].长春：吉林人民出版社，2020：11.

[12] 赵长河．语用化语文教学 [M].武汉：长江文艺出版社，2020：11.

[13] 达哇志玛．浅谈语文教育教学 [J].收藏界（名师探索），2018（7）：24.

[14] 陈旭．阅读、写作：语文教育教学的土壤 [J].语文学习，2022（9）：1.

[15] 李仁美．语文教育教学由技术走向艺术 [J].语文新读写，2020（4）：42.

[16] 王斌．立足书香校园建设的语文教育教学实践探究 [J].学周刊，2022（26）：136—138.

[17] 孟竹．创建高效课堂 提高语文教育教学质量的研究 [J].互动软件，2021（6）：721.

[18] 宋环．从李镇西的语文教育教学思想看其课程观 [J].西藏教育，2021（3）：46-50.

[19] 邹楠．新媒体背景下高职语文教育教学的创新研究 [J].互动软件，2021（1）：170—171.

[20] 彭秀英，刘辉，宋萌微，栗凤瑶．"劳动美育"在语文教育教学中的实践研究 [J].散文百家（新语文活页），2021（10）：121—122.

[21] 李赫蛮，刘瑄．浅析新媒体背景下高职语文教育教学创新 [J].文渊（高中版），2021（6）：947.

[22] 杨孜敏．浅谈如何促进语文教育教学 [J].新课程，2022（3）：198—199.

[23] 李仕兰．谈语文课堂教学中素质教育的实施 [J].湖南师范大学教育科学学报，

2000（S2）：40—41.

[24] 童庆炳 . 语文教学与审美教育 [J]. 北京师范大学学报（社会科学版），1993（5）：96—101.

[25] 汪文萍 . 网络环境下的语文教学 [J]. 中国电化教育，2003（2）：37—38.

[26] 李伶俐 . 大学语文教学中的人文素质教育 [J]. 湖南师范大学教育科学学报，2001，19（1）：51—54.

[27] 陈涛，尹静 . 语言还是言语：关于语文教学内容的分析 [J]. 教育学报，2009（4）：5.

[28] 金业文，刘志军 . 论"泛语文"倾向的纠正 [J]. 中国教育学刊，2014（1）：3.

[29] 王洁 . 教育生态学视野下的高职语文教学研究 [J]. 教育研究，2021，4（3）：82—83.

[30] 徐惠君 . 呼唤"原生态"的语文课堂 [J]. 中国教育学刊，2007（8）：66—67.

[31] 向才林 . 谈语文教学中的审美教育 [J]. 湖南教育学院学报，1999（S2）：82—83.

[32] 王鹏伟 . 读书：回归语文教育的原点 [J]. 课程·教材·教法，2011（1）：21—24.

[33] 赵恒武 . 发挥语文教学的美育功能 [J]. 教育研究与实验，1987（2）：4.

[34] 张万有 . 语文教学与审美教育 [J]. 内蒙古社会科学，2001（S1）：3.

[35] 许建中 . 语文教学的新导向 [J]. 学科教育，2000（8）：14—17.

[36] 周峰 . 人文素质教育在高校语文教学中的运用分析 [J]. 高教探索，2017（A1）：2.

[37] 冯直康，潘新和 . "吕叔湘之问"与语文教学范式重构 [J]. 全球教育展望，2017，46（5）：30—41.

[38] 江结宝 . 试论语文教学中的语言礼貌教育 [J]. 中国教育学刊，2005（10）：4.

[39] 孙志波 . 先学后教策略在语文教学中的价值与应用 [J]. 中国教育学刊，2013（S3）：2.

[40] 李洪金 . 浅谈语文课中的朗读教学 [J]. 中国教育学刊，2011（S1）：2.

[41] 郭根福 . 语文课程的基本理念与语文教学改革 [J]. 教育科学研究，2002.